土方洋一 編

「古典を勉強する意味ってあるんですか？」

ことばと向き合う子どもたち

青簡舎

はじめに

編者が勤務する大学の文学部日本文学科では、毎年、一定数の者が卒業後、国語科の教職に就いています。編者のゼミにいた学生の中からも、少なからぬ数の教員が育っています。

教職に就いている卒業生と話す機会もしばしばありますが、彼らの話を聞いていると、学校にもよるのでしょうが、現場では、国語科の教員が顔を合わせて教材研究をしたり指導法について話し合うという機会が意外に少ないようです。授業に臨む前の教材研究や指導法についての打ち合わせは、国語科という教科の場合は特に重要で、本来そのために充分に時間をかけなければならないはずです。しかし現実には、現場の教員が雑用に追われて忙しすぎるため、そうした事前の仕込みは個々の教員の努力に委ねられている場合が多いようです。

そうした実情を聞いているうちに、教職に就いている卒業生同士が顔を合わせて話し合う場があるといいかもしれないと、次第に思うようになりました。

何人かの卒業生と語らって研究会を立ち上げたのは、一九九六年のことでした。年に数回、編者の研究室に集まり、主にことばの教育に関わる問題を話し合うことにしたのです。

研究会を始めるにあたり、抽象的な教育論は避け、具体的な教材研究や実践報告を中心に行なっていこうというのが共通の了解事項でした。そこで報告される新たな教材や実践から何らかのヒントを得て、それぞれが教室に持ち帰ることができればいいというぐらいの軽い気持ちで始めたことでしたが、始めて見ると、編者自身も学ぶことが多く、たいへん有意義な集まりになりました。個々のメンバーは異なる学校に勤務しているので、現場の情報交換の場としても有効に機能することになりました。

当初は一年に三回程度行なっていましたが、やがて一年に二回という緩やかなペースに固定し、負担の少ない形で会合を続けてきました。出席者はそのときどきで入れ替わりますが、みなさん忙しいので、せいぜいが八名、少ないときには四名ぐらいというときもありました。発足時のメンバーが次第に中堅どころとなり、ますます多忙になってきたため、存続が難しくなった時期もありましたが、継続は力と信じ、気張らずに細々と続けてきたというのが正直なところです。

発足後十五年が経過したところで、これを一区切りとして、我々の活動を形にして残すことができないかと考え、今回実践報告集を編むことになりました。継続して参加してくださっている皆様に声をかけたところ、それぞれ力のこもった文章を寄せてくださいました。これらの文章によって、現代のことばの教育がどのような問題に直面しているか、一人一人の教員が、そうした問題を乗り越えるためにどのような努力をしているかの一端がわかっていただけるかと思います。

ことばは、私たちがものを考えるシステムそのものです。それゆえ、ことばの教育は人間の成長と不可分の関係にあります。その意味でも、ことばの教育のあり方は、社会の中で今後ますます重要性を帯びてゆくことでしょう。

教壇に立つ私たちもまた、この報告を一里塚として、一人の教員として成長し、生徒たちとの交わりに力を注いでいきたいと思います。

目次

中学校から

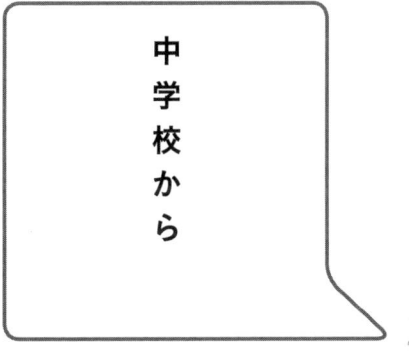

生徒の実態に合わせた授業

二川麻衣

はじめに

授業力を高めたい。それは、きっとこれから教師である限り常に思い続けることだろう。知識力はもちろん、生徒とのコミュニケーション力を備えた上での、授業力を手に入れたい。

約六年前、初めて教壇に立った。生徒を前に、用意してきた言葉を発していた。質問を投げかけるものの、それは一対一のやり取りにしかならず、クラス全体を意識できていなかった。授業中に、発問を通して生徒とコミュニケーションを取れていたかといえば、教師と生徒の型通りのやり取りはできていたかもしれないが、それはコミュニケーションと呼べるものではなかった。演習問題を解いているに過ぎなかった。

では、コミュニケーションとは何か。伝達、交流、交信……日本語訳は多岐にわたる。ある雑誌[1]には、コミュニケーションとは、お互いの気持ちを言葉にして口に出すこと。それは形のない空気のようなもの。だからこそ、どうすれば自分らしく伝えることができるのか、実感としてつかむことはなかなか難しい。

と書かれていた。人と人との繋がりに関わるすべてがコミュニケーションといえるのかもしれない。つまり、今回の、授業内で高めたいコミュニケーション能力とは、質問し、答えさせる力ではない。授業を通じて、互いの考えや思いを表現し合う力のことである。

新学習指導要領(2)において、コミュニケーション能力は「伝え合う力」とされている。相手・目的・場面に応じた、適切な言語運用能力と相互交流能力をどう育てるかが重要視されている。そして、全教科に「言語活動」という言葉が使用されるようになった。

私は、「どう育てるか」を考える中で、果たして自分は授業において、今まで生徒とコミュニケーションが取れていたかを顧みた。すると、説明・板書・発問・演習を行うばかりで、生徒が何を考えているかを聞く時間が極めて少ないことに気がついた。生徒同士はもちろん、教師と生徒の間にも、活発な「伝え合う」活動があることによって、生徒の言語能力も向上していくと思う。それには、教師自身のコミュニケーション能力が必須なのである。

今回は、教師になってから、私が体験を通じて考えたことや、実践を通して学び、改善したことを中心に報告する。

一　教師になって間もない時

授業準備をする際には、必ず予想される生徒の反応を考える。しかし、経験が少ないうちは、その予想が浅いものになってしまっていた。また、授業を行う以前の生活指導面での問題にどのように対応すればいいのか、試行錯誤の毎日だった。授業が思うように進まず、焦るばかりだった。

その時、何より大事なのは、目の前にいる生徒の実態に合わせ、授業を組み立てることであることに気が付いた。学習指導書を読んでも、典型的な授業案しか書いていない。それでも最初は指導書を頼りにして、授業準備を進めていた。しかし、指導書にある学習指導案の時間通りにうまくいくことはなかった。生徒の実態に、合っていなかったのだ。

相手のことを考えるのは、コミュニケーションにおいて最重要事項である。指導書に書かれている知識は大いに参考にしつつも、何を目標にどのような授業を行うかは、自らが生徒の状態に合わせて考える必要があった。そんな初歩的なこともできなかったのだ。

意識を変え、授業内容も、その方法も積極的に変えていった。単元に関する知識だけでなく、生徒指導に関する本も読み、言葉がけから学びなおした。教育書を読んで、様々な工夫は学べても、どの方法を選ぶかは自分にかかっている。目の前の生徒にとって、どのような授業が適しているのか、手引きや支援はどこまで必要なのかを探りながら、毎回の授業を組み立てていった。

その結果、生徒の学習意欲も少しずつ向上した。単調で、型にはまった授業も行わなくなった。しかし、工夫して授業するのはよいことだが、教えたことが全員すぐに理解できるわけでもなく、復習や、同じことの繰り返しも必要である。見通しがうまく立てられないために、継続的な指導が計画的にできていないという問題があった。その他にも、経験を重ねるにつれて、自己課題が増えていった。

二　研修を通じて

非常勤講師を三年務めた後、公立の教師になった。一年目、授業実践や生徒指導に関しての研修をたくさん受けた。また、他の教師の授業も週に何回か見学に行き、多くの発見をした。逆に授業を参観される機会も月に一回以上あり、参観いただいた後は常に研究協議を行った。その中で多くの指摘をいただき、また、自己課題への解決方法などもアドバイスいただくことができた。以下は、私がこれまで意識した自己課題や、指摘された内容である。

・目標と評価の一体化が図れていない。まずは本時の目標を明確にし、生徒にも伝え、その目標に対してどのような評価方法を取るのかはっきりさせておくこと。
・深める発問（ゆさぶり発問）が不足している。一つのことを聞いてすぐ次の発問に移るのではなく、一つの中心発問を大事にすべきである。
・板書計画がうまく立てられていない。授業が終わった時に、その時間に何を学び、大事なことは何だったのかが、板書一枚ではっきりわかるように計画しよう。また、漢字の書き順をすべて確認しておこう。
・一時間に、様々なことを詰め込みすぎる。「この授業ではこれ」という一つ重要なことをきっちり教えることを意識しよう。あれもこれも学ばせようとしても無理がある。
・振り返りの時間がない。授業の最後には、その時間何を目標に何を学んだのか、少しの時間でいいから必ず振り返るようにしよう。
・何事も説明しすぎている。考えさせることが大事である。また、授業を進めることばかりに焦っている。生徒が考える時間を待つことや、生徒の反応を取り上げる時間ができるようにしよう。
・出す指示に、詳しい説明が必要となる。指示を明確にしよう。また、指示して作業を開始した後に、追加説明をしてしまう。それは生徒が集中しない空間になる。
・独り言が多く、教師が黙っていられない。そうなると、生徒も集中せず、自分でクラスが荒れる原因を作ってしまうことになる。

まだまだ他にもたくさんある。一つ一つ解決し、授業力を上げようと努力している最中である。生徒に対してのみならず、自分の課題に対しても、ねらいを明確に学び解決していきたいと思う。

三　実態をつかみ、対応した授業を組み立てる試み

ここからは、生徒の実態に合わせて授業を工夫しようと試みたことを記す。これは、あくまで私の接していた生徒の傾向である。

実態として感じたのが、個人個人は能力が高いものの、全体で話すと、伝わらず、聞いていないことが多いということだった。一対一で個別に指導したり話したりしていると、理解も早く、きちんと話を聞ける。しかし、全体で説明や指示をした時には、まるで自分に向って話されていなかったとでもいうように、聞いていない。近くの席や仲の良い子と話をしている時間は、指示を出さないようにしている。きっちり静かになってから指示を出す。それでも、聞いていない生徒がいる。一斉指導の難しさを感じた。

指示を聞いていなくとも、何をするかは隣を見ればわかる。だから、授業は滞りなく流れていく。しかしそれでは、人の話をきちんと聞く力は養われない。どうにかしたいと考え、一人一人がしっかり聞いていないといけない状況を作ることにした。そして、振り返りの時間に、聞く力を養う取り組

みができないかと考えた。

週に三〜四時間の国語の授業では、なかなか振り返りの時間を取ることができない。それは、全体に語った内容を、個人個人がどれほど理解しているのか確認する時間がないということでもある。だからこそ、一人一人がきちんと聞いていなくても構わない状態になってしまっていた。

振り返り、復習する時間はとても大事である。しかし、家庭で授業の復習を行う生徒はほとんどいない。塾で同じような内容を学ぶことはあっても、定期テスト前でない限り、ノートを見返すことをしないのが現実だ。そこでまず、何か復習を自主的に行えるようになる方法はないか、考え始めた。

生徒に復習について聞いてみると、次のような事情や考えが挙げられた。

・「復習しておけ」と言われても、何をしていいのかわからない。
・テスト勉強はやるが、普段は宿題がない限り復習や勉強はしない。
・他の宿題をやるので精いっぱいで、各教科の授業の復習まではできない。

そこで、国語の授業のはじめ一〇分程度を、知識を定着させる時間に充てることにした。

週三回のうちはじめの一回は、「言葉の教育」を行った。「言葉の教育」とは、杉並区が作成した学習プリントで、一枚五分〜一〇分で行うことができる。内容は、名文・詩・俳句・短歌・古文・漢文などの音読・書写である。

次の一回では、漢字テストを実施した。漢字テストは、折々に行ってはいたが、定期的に行うことはしていなかった。その時学んでいる単元の新出漢字を中心に、毎回十問を出題した。出題する漢字は、事前に告知しておいた。事前に告知すれば、ほぼ全員が満点を取るくらいに勉強してくる。「勉強してない」という焦りの声を発している生徒が多い場合は、限定三分（おまけで一分追加することもある）、勉強の時間を取った。

そして最後の一回で、「ミニクイズ」を行うことにした。この「ミニクイズ」が、復習を促し、さらには一人一人が聞く力を養う一助とならないかとはじめた試みであった。

「ミニクイズ」は、他校の英語の授業を参観した時に行われていた「ポップクイズ」を参考にした。それは、教師が口頭で出題した問題を聞き取り、書き取った上で、その問題に対する答えを書くというものであった。この「ポップクイズ」は、リスニング力、単語の綴りを正しく書く力、理解力、英作文の力など、様々な力を育てるものであった。これは、言語力を身につける素晴らしい方法だと感じ、国語の授業でも使いたいと思った。

私が用意したのは、次のような「ミニクイズ」シートである。詰め込みすぎていると感じたのだが、実践してみた。

国語 ミニクイズ

聞く・・・問いを正しく聞き取る。　書く・・・聞き取った問いを、正しい字で書き取る。
考える・・・懸命に考え、答える。　表現する・・・発想を豊かにするトレーニング。

組　番　氏名

問1	解答
問2	解答
問3	解答

振り返り

・目標を上に記した。
聞く…問いを正しく聞き取る。
書く…聞き取った問いを、正しい字で書き取る。
考える…懸命に考え、答える。
表現する…発想を豊かにする。

・左側には、問1〜問3までの枠を用意。聞き取った問いの文を書きとらせる。

・右側には、聞き取った問に対しての答えを書き込む。

・下の部分に、ミニクイズの振り返りやテストに向けての意気込みを書かせた。

テストの平均点が高く、落ち着いたクラスは、説明し、私が問題を読み始めた途端に鉛筆を動かし始め、一度でほぼ全員が問題文を書き取った。それに対して、平均点が低く、指示が一度では通らないクラスは、案の定大混乱が起きた。問題を読み始めた時点でまだ鉛筆の準備ができていない者、どこにどう書けばいいのか説明を聞いていなかった者、問題すべてを書くことが面倒で、適当にメモし始めた者など、原因は様々である。ゆっくり一回読んでいる最中に「何」「どうすんの」と言い出し、ゆっくり区切りながら読んだ一度目で書き取れた者は、半数以下だった。それは、個別対応が必要な生徒が多いクラスでの出来事だった。

とにかく最初は混乱の中、なぜこんなことをするのかと不満を漏らす生徒もいたが、慣れてくるに従って、抵抗なく取り組めるようになった。生徒作品Aのように、聞き取りからまずできていない生徒は、そもそも問いの文を読む時に聞く態勢が整っていなかった。注意の声掛けをするだけで、全文聞き取り書くことができていた。Bの生徒は、小テストは必ず満点を取りたいようで、急にミニクイズをした時は嫌そうだったが、2回目からはきちんと復習して満点を目指している。CやDの生徒は、間違った部分をしっかり振り返り、知識を定着しようと意欲を高めていった。

何度も行ううちに、やり方がわかったのもあり、「ミニクイズするよ」と紙を配った段階で聞き、書き取る準備をするようになった。はじめは全く書き取れなかった生徒も、徐々にできるようになっていった。また、書き取る時に書けなかった漢字は、答え合わせの時に必ず赤で書き込むように指示

A

問1 にんなじの法師　どこにいく	解答 石清水(八幡宮)
問2 にんなじの法師　かんちがい	解答 下の寺が本物だと思ったけどじつは上の寺だった
問3 あなたは どんな かんちがい	解答

振り返り 寺の名前がわからない。仁和寺を覚える

B

問1 仁和寺の法師はどこへ行こうとしたのですか。	解答 石清水
問2 仁和寺の法師のかん違いについて説明せよ。	解答 山のふもとにある寺を石清水と思っている
問3 あなたはどんなかん違いをした事がありますか	解答 商品の値段をかん違いしていて会計したらちがう値段だった。

振り返り 1年の時からだんだん点数がさがっているので内容とか理解して良い点数をとりたいです

【生徒作品】ミニクイズ

C

問1 次の古語を現代仮名遣いに直して答えなさい ①やうやう ②いひて ③なほ	解答 ①ようよう ②いいて ③なお
問2 次の古語を現代語訳しなさい。①やうやう ②をかし ③わろし	解答 ①だんだんと ②趣がある ③見劣りがする
問3 枕草子を読んだ感想を書きなさい。	解答 季節ごとの表現の仕方が読んでいておもしろかった。

振り返り 問題を聞き取って書くのが難しかったです。

問てが全然できなかったので、これからできるようにしたいです。

D

問1 次の古語を現代仮名遣いになおして答えなさい。①やうやう ②いひて ③なほ	解答 ①ようよう ②いいて ③なお
問2 次の古語を現代語訳しなさい。①やうやう ②をかし ③わろし	解答 ①だんだんと ②~~[illegible]~~ 趣がある ③よくない
問3 枕草子を読んだ感想を書きなさい。	解答 四季それぞれ、清少納言がとらえたことがよく表現されていて、情景が思い浮かんだ。

振り返り 現代語訳は、色々な言葉が混ざってて間違えてしまった。

ちゃんと全部答えられるよう頑張りたい。

【生徒作品】ミニクイズ

した。クイズ内容は、前の時間の復習や、各自の考えを問うものとした。問いの文と答えは、大きめに印刷し、黒板に貼って答え合わせを行った。はじめは一五分程かかっていた時間も、今は一〇分とかからない。テスト勉強時にこのミニクイズを見直すことで復習することもできている。改善点はあろうかと思うが、この取り組みを今後も続けていきたいと思う。

四　実践報告

最後に、活動を取り入れると意欲的に授業に取り組む生徒のいるクラスでの授業実践を報告する。

（1）題材名　大仏様は「にっこり」していますす（光村図書　中学一年）

（2）題材の目標

①日本語に興味を持つ［関心・意欲・態度］

②擬態語・擬声語・略語について理解する［伝統的な言語文化と国語の特質に関する事項（1）―オ］

③自分で課題をみつけ、レポートを作成する［書くこと（1）―ア］

（3）題材について

この題材に登場するのは、外国から日本に来て、それぞれの専門分野の研究を進めている人々である。日本語を母語としているわたしたちが日本語の面白さや不思議さに気づく機会もあるが、外国の人たちが発見したことや驚いたことがきっかけで、改めて日本語を見直すことも多い。そういう点でこの題材は、生徒にとって日常生活の中で何気なく使っている日本語をもう一度見つめなおすよい機会となるだろう。

（4）生徒の実態

明るく元気に全体が活力あふれる時と、おとなしく静かな時とがあり、その日の気分や授業内容によって大きく雰囲気が変わるクラスである。納得したことには進んで取り組むが、考えてわからないとすぐに投げ出す傾向がある。また、自分が主張する意見が通らないと、たとえ明らかに誤答であると理解はしていても、素直に納得しようとしない生徒がいる。主観的な意見はしっかり言うことができるため、個人での取り組みはよいが、話し合いになると、強く主張できる一部の生徒に意見が引きずられる。要領がよく、最低限のことしかやらない生徒もいるため、進んで学びを広げていこうとする態度をさらに養いたい。

（5）各時間の学習内容（所要時間：二時間）

《一時間目》「日本語って不思議だ」と思うことを考え、発表する。教科書を教師と交互にマル読みする。擬態語・擬声語・略語について学ぶ。ワークシートに、様々な擬音語を書き込む。【本時】

《二時間目》前回のワークシートを使って交流し、意見交換する。異なる擬態語や擬声語が書かれた動詞をチェックする。チェックされた動詞の分担を班で決め、一人一枚レポートを作成する。

（6）本時の学習（全二時間中の一時間目）

①目標　・特徴的な日本語について理解する。
　　　　・擬態語・擬声語を考え、表現できる。

②本時の授業

	学習活動	留意点と評価（☆）
導入 5分	・「日本語って不思議だ」と思ったことはあるか、あるとしたらどんなことか、発表する。 ・教師の紹介する本の部分音読を聞く。	・発問に対し真剣に考えようとしている。（☆） ・池上嘉彦さんの『ふしぎなことば　ことばのふしぎ』[3]を紹介する。 ・本時の目標を伝える。
展開① 10分	・教師と交互に、教科書本文をマル読みする。わからない漢字にはルビをふる。 ・書かれている日本語の特徴を読み取り、ノートに書きだす。	・しっかり声を出して読めている。（☆） ・全体に聞こえる大きさの声で読むよう注意する。 ・日本語の特徴を抜き出すことができる（☆）
展開② 10分	・抜き出した特徴的な日本語について詳しく学ぶ。（擬態語・擬音語・略語・男言葉女言葉）	・板書にまとめる。 ・擬態語・擬声語以外に、感情を表す擬情語についても教える。

展開③ 12分	・擬音語・擬態語ワークシートで、五味太郎さんの『言葉図鑑1』[4]のイラストに、擬態語や擬音語を書き込む。	・『言葉図鑑1』は、様々な動詞と、その動作の絵が描かれている。絵の近くに、擬態語・擬声語を書くよう指示する。 ・積極的に取り組み、ワークシートに様々な語を書き込めている。（☆）
まとめ 3分	・学んだことを振り返る。 ・ワークシートは宿題とし、引き続き家で取り組む。	・人によって言葉のとらえ方、感じ方が違う所におもしろさがあることを伝える。

（7）本時の実態

全体的に、楽しそうに取り組んでいた。はじめに聞いた日本語の不思議なところでは、「漢字とひらがなとカタカナがある」「わたしは、と書いてわたしわ、と読む」「あめ、と言うと、雨と飴がある」など、様々な不思議を挙げてくれた。レポートの感想部分にも、

一つの動作や音でも、人によって感じ方が違うのが不思議でした。たとえば、水が垂れて下に落ちる音も、僕は「ポタッ」と感じるけど、人によっては「ピチャン」や「ポチャン」などと感じるかもしれません。改めて、言葉って不思議だと思います。

というものがあった。目標とした、言葉への興味関心を高めることは、達成できた。

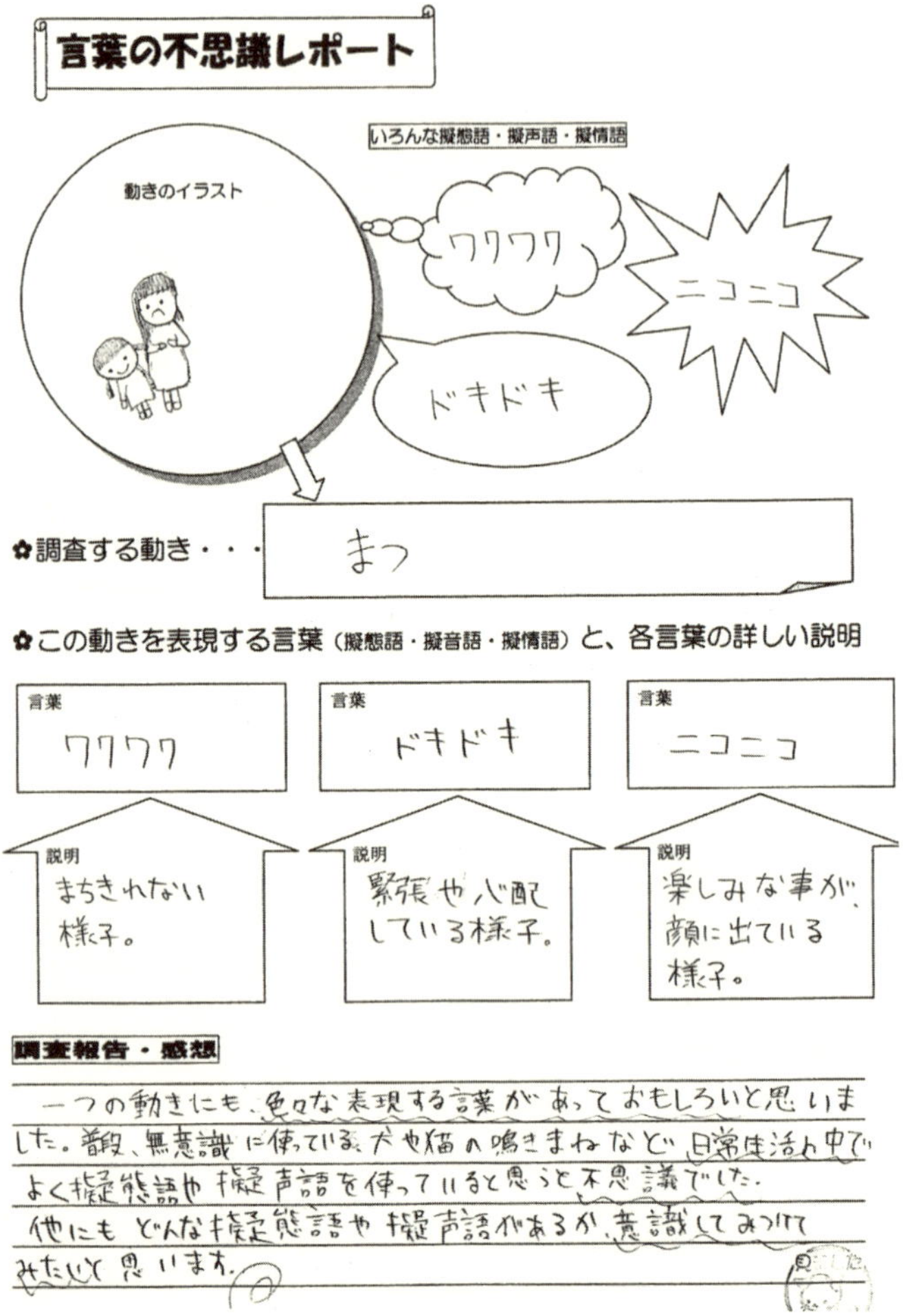

言葉の不思議レポート

いろんな擬態語・擬声語・擬情語

動きのイラスト

✿調査する動き・・・ まつ

✿この動きを表現する言葉（擬態語・擬音語・擬情語）と、各言葉の詳しい説明

言葉	言葉	言葉
ワクワク	ドキドキ	ニコニコ
説明 まちきれない様子。	説明 緊張や心配している様子。	説明 楽しみな事が、顔に出ている様子。

調査報告・感想

一つの動きにも、色々な表現する言葉があっておもしろいと思いました。普段、無意識に使っている、犬や猫の鳴きまねなど日常生活の中でよく擬態語や擬声語を使っていると思うと不思議でした。
他にもどんな擬態語や擬声語があるか、意識してみつけてみたいと思います。

【生徒作品】二時間目に作成した、言葉の不思議レポート

（8）学習の評価と考察

中学一年生が「擬音語」という言葉にいかに慣れ親しむかをポイントに置いた。擬音語についての復習は必要となるが、レポートを廊下に貼りだすことで、様々な擬音語に触れることはできた。五味さんのイラストも好反応で、班での話し合いも活発に行うことができた。教科書の読解にもう少し時間を充てたかったが、時間をかけてやると間延びしてしまう題材だとも思う。次に実践する際は、またその時の生徒実態に合わせ、再考したい。

おわりに

経験を通じて考えたことや、これまで実践したことを、とりとめもなく綴る報告となってしまった。授業でも、拡散し、ねらいが集中しない傾向がある。そうした自己課題を解決しながら、今後も授業力を高めていきたい。

また、生徒との人間関係、信頼関係を築く上で、どのような授業を行えばよいのか、これからずっと考え続けることになる。相手のことを考え、伝え合うコミュニケーションの基本を忘れずに、実態把握に努め、授業を工夫していこうと思う。

注

（1）『ＯＺｐｌｕｓ』通巻15号（スターツ出版、二〇一〇年）
※授業では、その時期発行されている雑誌を取り上げることがある。この雑誌の特集「私を変える言葉力」を使用した。
（2）文部科学省『中学校学習指導要領解説　国語編』（東洋館出版、二〇〇八年）
（3）池上嘉彦『ふしぎなことば　ことばのふしぎ』（筑摩書房、一九八七年）
（4）五味太郎『言葉図鑑①うごきのことば』（偕成社、一九八五年）

形なき「平和」を学ぶということ
——平和教育実践例報告——

篠原　基

死んだ人々は、還ってこない以上、
生き残った人々は、何が判《わか》ればいい？
死んだ人々には、慨《なげ》くすべもない以上
生き残った人々は、誰のこと、何を、慨いたらいい？
死んだ人々は、もはや黙っていられぬ以上、
生き残った人々は沈黙を守るべきなのか？

これは一九四三年にフランスで出版された『詩人の栄光』という詩集に収められたジャン・タルジ

ューの詩で、『きけわだつみのこえ』の序文に掲げられた一節である。

今回私が考えていこうと思う「平和教育」とは、まさに生き残った者が何をどのように受け取り、そして伝えてゆくのかという問題である。「平和」を考える上で、その対極ともいうべき「戦争」を考えることは避けて通ることのできないものである。しかしながら、単に知識としての「戦争」を伝えるだけではなく、「戦争」という非日常の出来事を学習者（ここでは主として中学生を想定）にある一定の実感をもって伝えることは至難のことである。私が奉職する青山学院中等部（東京都渋谷区）では、3年次に行われる修学旅行の行き先が沖縄であり、その目的の一つには「平和教育」が掲げられている。そのような中で、私自身が試行錯誤の中で探り続けた平和教育の実践例を報告の形でまとめたいと思う。

一　講話形式での実践例

経験のないことを知るには、自分が経験してみるのが何よりである。しかし、例えばそれが田植えだったり、マラソンであればよいが、「では戦争を経験してみましょう」というわけには当然いかない。その場合、我々が取り得る手段はいくつかあるが、その最も直接的な手段が経験者から話を聞くというものだ。以下に、これまで戦争を題材にして行った講演会についての概要と反省をまとめる。

事例Ⅰ

実施日：二〇〇九年六月三〇日
講演者：岩原さかえ
講演内容：山の手大空襲（一九四五年五月二五日）
対象生徒：中学1・2年生（五四〇名）
講演場所：青学講堂

太平洋戦争末期の東京大空襲についてはよく知られているが、山の手大空襲については、残念ながらあまり知られてはいない。しかし、その戦災は確かにあり、実に三七〇〇人もの犠牲者がでたと推定されている。実際に表参道の交差点には、空襲の事実と犠牲者を悼む「和をのぞむ」と題した碑がある。この講演会は子どもたちが毎日通う青山キャンパス周辺での出来事を知ることで、戦争に対する認識を深めてもらいたいという目的で行った。

そのきっかけは講演実現一ヵ月前（二〇〇九年五月二四日）、朝日新聞での「山の手空襲の犠牲者を偲ぶ法要とそれを語り継ぐ市民運動」の記事が、たまたま本校の国語教員の目に留まったことにはじまる。ちょうどそのころ、戦争教材である「おとなになれなかった弟たちに……」（米倉斉加年　光村出版中1）を扱っており、これ以上のタイミングはないと思われた。早速、新聞に書かれていた「山の手大空襲の体験記編集委員会」に連絡をつけ、まずは体験記を集めた『表参道が燃えた日　山の手大空襲の体験記』を手に入れた。そして、お父上が青山学院大学の神学部の教授をされ、この青山キャンパス内にも住まわれていたという岩原さかえさんを講師として迎えることが、それこそ瞬く間に決まった。嬉しいことではあったがその分準備は忙しく、まずは生徒に体験記の本からいくつか体験談をコピーし資料を添えた冊子を作り配った。当初は1年生だけを対象にするつもりだったが、せっかくの機会ということで2年生も一緒に聞くこととなった。

当日は、まず映像と画像で当時の日本の状況と山の手空襲の被害の様子などが岩原さんの教え子であった方から説明があり、その後岩原さんの講演となった。講演の内容は、本と同じではいけないという岩原さんの配慮から、本の中では紹介されなかった出来事などが多く語られ、また八十八才という年齢を感じさせないかくしゃくとしたお話しぶりで、非常に迫力があった。

事例II

実施日：二〇〇八年五月二七日（沖縄旅行第一日目）
講演者：津波古ヒサ　さん
講演内容：沖縄戦
対象生徒：中学3年生（二七〇名）
講演場所：都ホテル（沖縄旅行宿舎）

「ひめゆり学徒隊」は沖縄戦で主に看護活動に当たった女学生隊のひとつで、全国的にもよく知られている。津波古さんはそのひめゆり学徒隊として実際に戦場に赴き、生き残られて今ではひめゆり平和祈念資料館で証言員としてあの日の出来事を語られている方である。

津波古さんの講演については、沖縄旅行の二日目にひめゆり平和祈念資料館・平和の礎などを巡る予定だったので、どうにかして一日目の夜に話を聞かせたいと計画し、沖縄のひめゆり同窓会を通してお願いをした。

講演の内容は、沖縄戦の概要に始まり、実際に体験されたこと、また平和を作り出す事の大切さを、淡々とした語り口で、しかし重みある言葉で伝えて下さった。

この二つの経験から様々な反省が生まれたのであるが、その最たるものが「事前準備」と「聴講者数」である。「事前準備」に関しては、何も講演についてのみに限ったことではないが、その厚みによって同じ講演を聴いたとしても、聴講者に与える影響も重みもまるで違うことを思い知らされた。事例Ⅰでは、こちらが考えていた以上に話が早く進み、ほぼ準備らしい準備ができないまま講演会の日を迎えてしまった。もしかすると生徒にとってみれば、「いつの間にやら決められた講演会で、どうやら戦争の話を聞くらしい」という程度にしか思えなかったかもしれない。もちろん事前に資料を作り、話もしたつもりではあるが、それとてやはり薄っぺらなものであったように思う。それに対して、事例IIについて生徒たちは、講演会を聞く何ヶ月も前から指定された書籍を読み、私から様々な話を聞き、映画（『ひめゆりの塔』一九五三年　監督　今井正）観賞等様々な事前学習を行った。いまだにその時の卒業生に会うと「先生はひめゆりのことばかり話をしていた。」とよく言われる。それほどまでして講演会の意義を徹底させたものとそうでないものでは、聞く態度において雲泥の差があった。

またその態度の差を更に鮮明にさせてしまった要因として、聴講者の人数が挙げられる。事例IIについてはホテルの大広間でクラスごとに列を作り、かなり集中して聞くことができたと思う。沖縄旅行の初日は早朝の集合に飛行機での移動、加えて大変な暑さの中で首里の街を散策するという、体力的にはとてもハードな一日の締めくくりに講演会が設定された。しかし生徒たちは大変熱心に（しおりの中に講演内容を書くスペースがあったという理由もあるが）メモを取っていた。そればかりでなく、講演の中で紹介された犠牲者の方の名前を覚えて、翌日ひめゆりの資料館でその方の写真を探す生徒も見受けられたほどである。

一方で、事例Iではただでさえ2学年五〇〇名強という大人数である上に、講演会場がいつも礼拝が行われる青学講堂であったため、せっかくの講演者の熱意も受け取る側の人間が注意散漫という状況になってしまった。「なってしまった」というよりはむしろ、「そうしてしまった」という責任を痛感すべきかもしれない。後日頂いた岩原さんからのお葉書の中に次のような三首の和歌が書かれていた。

東京の焼野ケ原を知る我ら語り継ぐべき役目かしこむ
悲惨なるちまたのいくさ語れども知ったことかと眠る若きら
繁栄におごる都よ焦土は夢か二千年史はくりかえすなり

何とも私の胸に突き刺さっている。

人数の面で考えると、一つのクラスに一人の講演者を招き、それぞれの教室で行えればこれほど効果的なものはない。感情というものは集団になると大きくなりやすい。同じ映画でも、映画館などで大人数で見るものと一人自室のテレビで見るものでは、わき起こる笑いの大きさも流れる涙の筋もまるで違うという経験をされたことはないだろうか。反面、聞き手の人数の多さが注意の散漫さにつながることもある。講演者が聴講者一人一人の表情を見、反応を確かめながら、そして聴講者も講演者の言葉の間の息づかいやその背後にある重みを感じながら聞けたらば、これ以上のものはない。それが実現できれば何ともぜいたくで、貴重な機会であるが私は一度だけそれを経験したことがある。

事例III

実施日…二〇〇二年　四月
講演者…松添博さん（長崎　被爆者）
講演内容…長崎での被爆体験

対象生徒 ： 高校2年生（三〇名）
講演場所 ： ホームルーム教室
これは前任校である文教大学付属高校（東京都品川区）でのことで、私が教員として二年目、初担任の時の経験で当時の主任の提案で、長崎からわざわざ被爆者の方八名を東京にお呼びし、クラスごとにそれぞれの教室で講演をして頂いた。私のクラスでは講演者である松添さんに椅子に座って頂き、それを車座になって囲う形でお話を伺った。まさに息づかいまで聞こえる距離である。生徒たちは固唾をのんで講演者の言葉とその瞳に込められた思いの深さを心に刻み込んでいたことが、手に取るように分かった。
そしてこの講演会の一ヵ月後、現地長崎に修学旅行へ行き、それぞれのクラスがお話を伺った講演者の案内で長崎の原爆資料館や平和公園を巡った。
話を聞き、実際にその地を訪れる。百聞は一見にしかず、とはいうものの見ただけでは分からないものは数多くある。それをしっかり補完しあえたこの時の経験は、私の中で大変貴重なものであると同時に、これからの大きな指針となっている。

二　調べ学習形式での実践例

私が平和教育というものと正面から向き合ったのは、二〇〇七年の九月のことであった。当時2年生の担任であった私は、翌年実施される沖縄旅行の下見の飛行機の中で、「平和教育とは一体何をすることなのだろうか」とずっと考えていた。事前に沖縄戦に関する本を数冊読み、一通りの知識は身につけたもののその答えはまるで浮かばなかった。単に戦争がいけないということだけでなく、もちろん歴史的な事実だけを確認するのでもなく、子供たちの心に響く「平和教育」とは何なのか。そのヒントでもつかみたいと沖縄に向かった。沖縄本島の南端にあるひめゆり平和祈念資料館の一室である第四展示室、またの名を遺影の間とも呼ばれているその場所で私はある大事なヒントに出会う。そこには、戦争で犠牲になったひめゆり学徒隊の女学生と引率教員のあわせて二〇〇余名の写真が掲げられている。そしてそれぞれに簡単な紹介文が付けられている。例えば「バスケットボール部に所属」や、「とても美人で学年でも評判であった」などといった本当に個人的な、しかし、その人と関わった人間にしか判らないような情報が添えられているのである。そしてどのようにして亡くなられたか、また行方不明になられたかも。私はその場において、とても恥ずかしいことなのだが、ひめゆり学徒隊として亡くなった方一人一人に当たり前の人生と青春とそして未来があったことを痛感した。

頭では二〇〇名以上の方が犠牲になったことを知っていても、その重みを知ろうともしていなかったのである。そしてその資料館で一冊の本に出会う。『墓碑銘』と名付けられたその本には、第四展示室同様、犠牲者お一人お一人の写真と紹介文が丁寧に載っている。私は、沖縄戦で二〇万人以上といわれる犠牲者の重みを知るためには、一人の重みを知ることから始めようと考えた。一人のことを知ることによって、その何倍も何十倍も何十万倍もの人々の痛みや悲しみ苦しみを推し量れるようにと考えたのである。それが、私の実践しようとする「平和教育」の中身である。具体的には以下に挙げる二つの調べ学習を事前学習として進めた。

Ⅰ　ひめゆり学徒隊について

まず2年生の二月（旅行五ヶ月前）の段階で次の五冊の中から自由選択で一冊、課題図書を課す。

・『ひめゆりの塔をめぐる人々の手記』　仲宗根政善　角川文庫
・『ひめゆりの塔　学徒隊長の手記』　西平英夫　雄山閣
・『ひめゆりの少女　十六歳の戦場』　宮城喜久子　高文研
・『ひめゆりの沖縄戦　少女は嵐のなかを生きた』　伊波園子　岩波ジュニア新書
・『私のひめゆり戦記』　宮良ルリ　ニライ社

＊初めの二冊は元ひめゆり学徒隊引率教師、残りの三冊は元ひめゆり学徒隊員の著書

その後、各自が選んだ本の中からひめゆり学徒隊員で亡くなった方の氏名とその方に関わる記述

（性格・出身地・出来事・思い出・亡くなった時の状況・後日譚など）を沖縄旅行学習のしおりの所定の欄に書けるだけ書き上げさせる。

それを持って、ひめゆり平和祈念資料館の第四展示室に行きその方の遺影と対面しその方の紹介文を写してくる。またそのしおりには、「あなたは第四展示室で、心に留めた方やそのほかの方々と対面して、どのような言葉を交わせましたか」という質問を「書ける人は……」という一文を添えて設定した。それまでの学習が子どもたちの中で思いとなり、その結実として心に何か浮かべばと思っての質問であったが、その質問に多くの生徒が様々な思いを寄せてくれていたことは強く記憶に残っている。

II　沖縄戦犠牲者について

3年生の五月上旬（旅行二週間前）に『きけ　わだつみのこえ—日本戦没学生の手記』から沖縄戦で亡くなった方の文章を抜粋した小冊子を作り生徒に読ませ、その中から各自が気になった人物とその理由、そしてその方の文章で最も印象に残った部分を書かせる。それをまたクラス分まとめて冊子にし各自に配布。それを一冊目と合冊にし、また読む時間を与える。各自のものをまとめて再配布したのは、自分では気付かなかったことに、同級生の視点や感覚を通して気づき、少しでも犠牲になった方に近づけたらと考えたからである。

以上二つの調べ学習を通して、沖縄戦を「六〇数年前の自分とは何の関わりもない戦争」ではなく、「自分は会ったことも話したこともないが確かにその人のことは知っているという方が犠牲となった戦争」と認識してもらいたいと考えて学習を進めていた。この積み重ねは確かにその効果があったと思っている。もちろん上記の方法を採らなかった学年の旅行と比べたわけでもなく、またこのようなことは確たる数字など出るはずもないのであり、自己満足と言ってしまえばそれまでである。しかし、限られた時間で見学したひめゆりの資料館でじっと遺影の前に立ちつくす生徒の姿や生き残られた証言者に必死に話をうかがう姿、そしてなにより見学後、「どうしてひめゆりの資料館の見学時間はこんなに短いんですか？」と聞いてきた生徒が何人も出たこと。また平和の礎では、自分の選んだ犠牲者の方の名前が刻まれた場所を探し出し、その前に立ち、手を合わせてくれた生徒がいた。これらの生徒は全体から見ればごく少数かもしれない。しかし、今回の試みがほんの一握りの生徒の心の中にでも響き、そしてそれが行動に移ったことは少なからず私の中で自分の思い描いた「平和教育」が実を結んだ証であった。次に挙げる文章は、これまで紹介した二つの調べ学習をした学年の一つ下の学年の生徒が書いてくれた文章である。この学年は私が担任の一員ではなかったので、事前学習としては私がひめゆり学徒隊と沖縄戦での犠牲者のエピソードをまとめた冊子を配り、前年と同じようにも「自分たちの知っている誰かが犠牲となった戦争」という意識付けをし、前年と同じ行程を巡っての感想文である。

私がこの沖縄旅行で一番心に残ったのはひめゆり平和祈念資料館・ひめゆりの塔におとずれた時のことでした。篠原先生は沖縄旅行に行く前日の授業の時、「犠牲者のかたの写真を見に行くのではなく、犠牲者のかた一人一人に会ってきてほしいと思います。」と私たちに言っていました。その時の話を聞いて私は、写真なのにどうして「会いに行く」といっているのだろうと頭にハテナマークを抱えて沖縄旅行に行きました。（中略）そして、ひめゆり平和祈念資料館におとずれて、私は犠牲者の方々に会ってくることができました。写真だけであっても戦争の重みなど犠牲者の方々が目で訴えている何かを感じられたような気がしました。一人一人の写真を見ているとやはり笑っている人はなく悲しいような顔をしている方々が多かった気がしました。授業で配られたひめゆり学徒隊の方々のことなどが紹介されている冊子に載っていた『姉妹の別れ』の方と『仲良し六人組』の方々にも出会うことができました。やっぱり授業の中で一生懸命その冊子を読んでも、篠原先生が私達にわかりやすく説明してくださっても、実際にひめゆり平和祈念資料館に行って、犠牲者の方々に会うというのは衝撃の大きさも心に感じるものも違いました。

（後略）

三　発展的調べ学習形式での実践例

二節で紹介した方法は対象が一学年すべてになるので、本校の場合では二八〇名近くの生徒が対象となってしまう。一節でも考えたが、ある学習に対しての有効人数を考えた時、一般に少なければ少ないほど、またその学習に対する意識が高ければ高いほど、学習の効果は大きい。つまり意識の高い少人数の集団で調べ学習ができたならば、それを「発展的調べ学習」と呼んでもよいのではないだろうか。そんな例を紹介したい。

この「発展的調べ学習」が展開できたのは二〇〇九年度。二節で紹介した調べ学習を行った学年である。青山学院中等部には3年次に週二時間の授業が、「選択授業」として生徒の希望で選ぶことができ、私が「ひめゆり学徒隊を中心とした調べ学習を通し沖縄戦を考える」という目的で「ひめゆり」という講座の募集したところ実に二六人もの生徒が希望してくれた（当初の予想は一桁の後半にいくかどうかという程度）。もちろん中にはどうしてこの講座をとったの？　と聞きたくなるような生徒もいたが、全体としてはとても意欲的な集団といえた。以下に、その一年間の内容を一つ一つ紹介していきたい。なお本講座のテキストとして『ひめゆりの塔をめぐる人々の手記』と『墓碑銘―亡き師亡き友に捧ぐ―』を購入した。

〈一学期〉

Ⅰ　索引作り

Ⅱ　基礎知識

Ⅲ　作画と個人調査

〈二学期〉

Ⅳ　ＤＶＤ観賞

Ⅴ　担架実習

Ⅵ　「別れの歌」練習

Ⅶ　文化祭発表

〈三学期〉

Ⅷ　高等部入試問題について

Ⅸ　講演会

Ⅰ　**索引作り**

本講座をとっている生徒には、『ひめゆりの塔をめぐる人々の手記』をテキストとして購入したのであるが、この本に出てくるすべての人物について索引を作らせた。方法としては、受講者二六人でページを振り分け、そこに出てくる人物をすべて挙げ、記述の内容を書き留める。またそれがひめゆり学徒隊の方ならば学年と安否（墓碑銘記載者であればそのページ）を記録。それらをこちらで用意したエクセルの表にまとめて、全員分をまとめた。これにより、本の内容を精読することや様々な資料をリンクさせて使う方法を学ぶことができた。そして何よりその後行われる様々な作業での貴重な索引ができあがった。（他四冊の体験記については私自身が作成）

Ⅱ　**基礎知識**

この講座の大変残念な点は講座が始まって二ヶ月しないうちに沖縄旅行は実施されてしまうことで

ある。こればかりはいかんともしがたい。本来であれば準備を積み重ねて最後に現地に赴きたいところであるがそうもいかない。また本講座は意識の高い生徒の集まりであるが、残念ながら知識の面では他の生徒とあまり変わりがない。そこで沖縄戦のこと、ひめゆり学徒隊のこと（戦争時に限らず、学校の成り立ちや普段の生活なども紹介）を重点的に教える必要があった。加えて、沖縄旅行中に講演される津波古さん（講演形式の試み　実例Ⅱ）ご本人のこと、そして我々がひめゆりの資料館を訪れる当日に証言者として立たれる元学徒隊の方のことも、お話をうかがうにあたりある程度知っておいた方がよいと思い、それぞれの方の沖縄戦中の配属や歩み、またエピソード、終戦時の様子などをかいつまんで説明した。これにより、講演や説明がより深く理解でき、また自分から何か聞こうという意欲が湧くのではという期待もあった。

Ⅲ　作画と個人調査

この作業から沖縄旅行後の作業となる。実際に沖縄に行き、その風土や戦跡現場、様々な資料を見て多くを感じた生徒に、これまでのまとめの意味で絵を描かせた。絵を描くためには細かなところまで具体的に理解していなければならないし、当時の時代背景や風俗も分かっていなければならない。この時点でとても総合的な学習であるが、その上で私は一つ条件を付けた。それはひめゆり学徒隊の犠牲者の方の誰かお一人に注目して絵を描き上げるということだった。生徒たちは自分たちが実際に見てきたことや、資料からそれぞれの方の記述をできる限り拾い集め、その方の絵を完成させていっ

た。（この時にIで作成した索引が大変役立った）

その中で思いもよらぬ提案が生徒から出てきた。それは自分たちの選んだ犠牲者の方の情報を更に得るために、生き残られた方でひめゆり平和祈念資料館で証言員として働いていらっしゃる方に手紙を書きたいということだった。びっくりするような提案だったが、ちょうど折良く青山学院大学で「戦争記憶と平和概念の再構築研究会」というものが開催され、ひめゆり平和祈念資料館から学芸員の普天間朝佳さんと説明員の尾鍋拓美さんが来られた。普天間さんにはたくさんの資料の提供をして頂いたり、個人的な沖縄の下見の際に壕の見学の案内をして頂いたりなど、親しくさせて頂いていたので、思い切って今回の企画をお話しし、こちらからのお手紙に一つ一つお返事頂くのは申し訳ないので、それぞれの方が資料館に証言員として来られている時にお話をお聞きしてとりまとめて頂けないかということをお願いしてみた。すると普天間さんは快諾して下さり、「説明員としての勉強になるから」ということで、そのとりまとめを尾鍋さんが担当して頂けることになった。

それを受け、子どもたちは四名の犠牲者の方のことを計十名の方に手紙を書き聞くこととなった。ひと月ほどして返信されたレポートには犠牲者の方それぞれの日常の姿や、戦場での様子が学友の目を通した生々しい姿で描かれていた。それらの多くは、様々な出版物で紹介されなかったものが多く大変貴重である上に、生徒にとっては直接生き残られた方と交流を持つことで得られた情報であり意義深いものとなった。

ここからは2学期の学習となるが、2学期最大の目玉は文化祭での発表である。沖縄旅行の事前学習、そして旅行で学んだことに加え、この選択授業で半年間学んだことを文化祭で展示発表しようというものである。Ⅳ～Ⅵの取り組みは、そのための下準備として実施した。

Ⅳ　ＤＶＤ観賞

文化祭での発表に向け、様々な考えるきっかけを与えたいと思い、ＤＶＤを観賞した。観賞したものは2つ。ひとつは「オキナワを歩く　元白梅学徒隊員沖縄戦を語る」(二〇〇七年　ノンブル社)である。これは広島の大学生が3日間をかけて沖縄戦跡を「巡礼」した時の記録である。実に65キロの道のりを、当時の乾パンと水に模したカロリーメイトとポカリスエットだけで歩き通したものだ。実際問題として、戦争を追体験することはできない。しかし、このような形でその苦労の一端を体験できることは貴重なことであり、その記録を見ることによって生徒に様々なことを感じてもらいたいと思った。生徒たちの感想の中にも、今自分たちが置かれている状況のありがたさ、戦争の風化している事への恐れ、そして戦争で犠牲になった方の命の重みがつづられていた。中でも私の心に残っているものが「体験は大切だがその背景を想うことはもっと大切」という言葉だった。生徒たちがどこまでその想いを受け取り、今度は自分たちが文化祭という場で表現できるか、とても楽しみであった。

もうひとつは『ひめゆり戦史　いま問う国家と教育』という、一九七九年に日本テレビで放映されたドキュメンタリー番組である。ひめゆり関連の資料を探しているうちにこの番組の存在がわかり、どうにか見られないものかと調査を進めた結果、この番組で取り上げられたひめゆり学徒隊の方の息子さんと連絡が付き、その方が制作者からＤＶＤで分けて頂いたものをコピーして頂くことに成功した。内容的には戦後まだまだ証言することができない元学徒隊の方の様子や証言することの苦しみについて、また一九七九年当時本土で生存していた女学校の元校長や戦時中参謀本部の将校であった人物を訪ね歩くというものだ。そこには責任を他に押しつけ、自らの責任を回避しようとする様子が映し出され、戦争で犠牲となった若い命の無念さ、そして戦争を支持したものの無責任さが浮き彫りとなるものである。生徒たちは実際にお話を聞いた津波古さんの若い姿などが映ると、時間の流れを否が応でも感じずには居られない様子であった。その上でなお証言することの難しさを実感すると同時に、その中でも証言して下さる方のいる貴重さが分かったようである。また元校長が生きていたことは大変な驚きであり、戦時下での責任を転嫁するかのような態度にも何とも言えないやるせなさを感じていたようである。

Ｖ　担架実習

ひめゆり学徒隊は一九四五年三月二四日に動員され、首里の学校から約五キロ離れた南風原陸軍病院を中心とする数カ所で看護活動などに当たった。一方で米軍は四月一日の沖縄本島上陸から激しい戦闘が続けていたが、軍の司令部があった首里に向け南下を進めていた。そのため日本軍は首里を捨てて持久作戦のために南部撤退を決定した。それにともない南風原にいた学徒隊は五月二四日南部撤退を決行する。雨の中、米軍からの砲弾をかいくぐりながらの行軍は一〇キロにも及び、その道のりは困難を極めた。中でも足を負傷した3人の学友を担架で運んだ一団は何度も米軍からの攻撃やぬかるんだ道に足を取られ、時には担架を投げ出してしまい重傷の生徒が頭や腰を打ったりしながらも、なんとか一晩かけて現在ひめゆりの塔がある伊原一帯の壕に分散して活動を続けた。

担架実習はこの時のことを体で知ってもらいたいと考えて実行した課題である。普段の生活の中で担架を担ぐ経験はあまりない。私自身もまったく経験したことがなかったのだが、一度生徒が体育館で倒れ、大人四人で担架を使って運んだことがあり、その時に苦労した経験から、実際に担架を使うことによって南部撤退の苦労の一端を生徒が体験的に知ることができたらと考えた。当日は生徒を五人ひと組のチームに分け、ひとりが担架に横たわり、それを四人で運ぶ形式で行った。途中には簡単な障害物として跳び箱一段を2つほど置き、コーンの周りを回ることや一度地面に担架を置きまた持ち上げるといったこともやらせてテニスコートほどの広さをぐるりと一周するコースを設定した。生徒たちは最初こそ楽しそうだったが、次第に手が痛くなり、一度担架を床に置くとすぐには持ち上げられない様子だった。そして当然のことだが雨と弾丸の中の一〇キロがどれほどのものなのかを嫌というほど味わうことができた。

この実習では養護教諭にも参加して頂いたので、三角巾の使い方なども講習した。

Ⅵ 「別れの歌」練習

ひめゆり学徒隊にまつわる歌は二曲生徒に紹介をした。「お菓子と娘」と「別れの歌」であるが、前者は一九二八（昭和三）年に作られた歌で作詞は西條八十、作曲は橋本国彦である。この歌には南風原陸軍病院で活動中に唯一の女性引率教員である親泊千代教諭が歌って下さった、というエピソードがいまでも語り草のように残されている。また後者は動員前の陣地構築作業で作業の指揮に当たっていた太田博少尉が生徒たちに贈った「相思樹の詩」に、音楽教師だった東風平恵位教諭が曲を付けたものである。生徒たちは三月二五日に行われるはずだった卒業式に歌うべく練習を重ねていたそうであるが、戦場動員のため式自体が中止され、動員後の三月二九日夜に南風原の陸軍病院で行われた卒業式では時局により軍歌が歌われてしまった。今では戦後毎年行われるひめゆりの慰霊祭で校歌と共に歌い継がれ、また亡き友への鎮魂歌としてひめゆり平和祈念資料館の第四展示室で毎日静かに流されている。

この2曲のうち「別れの歌」は生徒たちにとって特に印象に残っていたらしく、文化祭での発表のBGMとして使うことのほか、自分たちでも歌うことを企画した。受講者の中にはピアノができる生徒がおり、楽譜は沖縄のひめゆり同窓会と連絡を付け送って頂いた。練習といっても生徒たちはすぐに覚えてしまい、文化祭の当日は好きなもの同士で好きな時間に歌うということにした。

Ⅶ　文化祭発表

毎年一一月の上旬に行われる文化祭にこれまでの学習の成果を発表する形で教室の半分を使い参加した。内容は模造紙を使っての展示・「別れの歌」の披露・学徒隊で生き残られた方の証言の展示などである。模造紙を使っての展示では、

・沖縄戦全体について
・ひめゆり学徒隊について
・ひめゆり学園（沖縄師範学校・第一高等女学校）の日常生活について
・「別れの歌」について
・担架実習について
・学徒隊の方の犠牲者一覧
・沖縄修学旅行について

以上のことを、班ごとに仕上げた。中でも犠牲者の一覧については、『墓碑銘』から亡くなった方の写真をお一人お一人コピーをし、亡くなった時系列に並べそれぞれの出来事を併記することによって沖縄戦の流れと犠牲者の様子が分かる力作であった。

証言の展示については、ひめゆり平和資料館にあったものを模してつくった。A３の大きさの画用紙に大きめな字で証言を写し、数冊の冊子を作る。そうすることでどなたにでも見やすく、また複数

人で見ることも可能にした。全体的な雰囲気はさながらひめゆり平和祈念資料館の第四展示室のような雰囲気を再現するように工夫した。何より、それらの展示がただ置いてあるだけではなく、できる限り生徒が説明し、来て下さった方とコミュニケーションがとれるように心がけた。各クラスや部活が盛り上がる中、なかなか人は入らなかったが、その分生徒たちは来て下さった方々と話をし、一生懸命説明を試みていた。その様子は本当にこの授業をやって良かったと私自身思えるものであった。

二学期までは順調すぎるほどのペースで学習を積むことができた。しかしそれは私が想定した範囲内での学習行程であり、学習内容であった。しかし三学期は二つの大きな課題を行ったのであるが、それがどう子どもたちに作用し、授業全体がどう流れて行くのか、手探りでの授業が進んだ。

Ⅷ　高等部入試問題について

二〇〇五年の六月に青山学院高等部の入試問題は世間の注目を浴びる。それは二月に行われた英語の入試問題の中で元ひめゆり学徒の証言を「退屈」と記述し出題したからだ。折しも沖縄では六月二三日の慰霊の日を控え、連日のようにこの話題が新聞・ニュースで取り上げられた。その動きは全国ニュースでも取り上げられるほどで、高等部にも随分抗議の電話が来たとのことである。また中等部ではこのことが明るみに出る直前の五月の末に初めての沖縄旅行をしたばかりで、その衝撃はとても大きかった。

選択授業「ひめゆり」の実施はそれから3年の月日が流れていた。しかしそのことの記憶はそう簡単に消せるものではない。実際、私がひめゆりのことを調べるために様々なところへ連絡を付けている時に「青山学院」という名前を出すと「あぁ、あの……」という反応に出くわすことがあった。また二〇〇八年に生徒が沖縄に修学旅行に行った折も、あるところで「青学生はもっと勉強することがあるだろう！」と見知らぬ大人に小さな声ではあったそうだが罵声を浴びせるかのように言われたことがあった。

この問題については、避けて通れない半面、どのように扱うべきか本当に悩んだ。それは私が「ひめゆり」という授業をやる意味があるのか、やっても良いのか、という問いと重なるものでもあった。しかし私は結局その問いに対しての答えが出せぬまま選択授業を始め、そしてこの時点まで学びを積み重ねてしまった。そしてこの問題と正面からぶつかる時が来たのである。

私はこの問題を扱うに当たって、事実のみをまっすぐに伝えることを心がけた。まずどのような所から問題は発生し、それがどのように報道されたかの。それを世の中の人々はどう受け止め、青山学院はどのように対処したのか。また当事者であるひめゆりの方々はどのようなことを考えられたのか。その一つ一つを丁寧に、しっかりと伝えていこうと考えた。この問題に関してはひめゆり平和祈念資料館が二〇〇六年三月に「青山学院高等部入試問題に関する特集」と題して詳細な冊子をまとめているので、それに沿って資料を提供した。その上で生徒自身にこの問題をしっかり受け止めてもらおうと考えた。

生徒たちの反応は様々であったが、生存者の方の話を「退屈」と感じることはあってもそれを入試問題にするのは間違っているという主張や、「退屈」という言葉ばかりがクローズアップされ、問題の一端はマスコミが歪曲していることにあると言及した生徒もいた。また東京と沖縄との戦争に対する温度差から基地問題の話題まで展開する生徒やこれからの平和学習について考えてくれた生徒もいた。しかし一様にこの事件のことを聞き、驚いたこと、そして資料を読めば読むほど問題の本質がどこにあるのかわからなくなった生徒が多かったように感じられた。

もしかするとこの課題での私の取り組みは不十分だったどころか、間違っていたものなのかもしれないと生徒の感想を見ていて思うことがある。やはりある一定の方向性を持って取り組むべきだったのであろうか。その答えはいまだに出ていない。

IX　講演会

外部の方のお話を聞き学びを深めたいということはこの講座を始める前からの念願であった。ただその講師をどなたにお願いをするかはなかなか難しく、実現は不可能にも感じられた。しかし、「念ずれば花開く」の言葉ではないが、殊にひめゆりに関してはこれまでいろいろなところで願いが叶い、不可能なことも可能にできたわけであるが、この講演会も無事実施することができたのである。お呼びできた方は映画監督の柴田昌平さんで、一三年もの年月をかけて元ひめゆり学徒隊の方々に直接インタビューを重ね、その証言のみでドキュメンタリー映画『ひめゆり』を完成された方だ。柴田さんはひめゆり平和祈念資料館の映像も担当されており、そのご縁で資料館の学芸員の方に紹介して頂き、講演会が開かれることとなった。

講演の内容は「受け取ること、伝えること」。この一年間、子どもたちと共にひめゆり学徒隊を題材に様々な情報を受け取り、そして自分たちなりに伝えるという作業をくり返してきた。その営みこそが平和学習の体現であるかのように。それをまさに最前線で行っている柴田さんから伺い、感じ、そして何らかのものが得られればこれほどの体験はない。

講演会の当日、柴田さんはその時まさに制作途中の『森聞き』という映画のデモテープを持って静かにお話しをすすめられた。『森聞き』とは「森の名人」と呼ばれる林業を営む人々に高校生が様々な聞き書きをした活動を、つぶさに追っていくドキュメンタリー映画である。この中で高校生たちが名人から様々なことを受け取り、伝えようとする。そしてその姿を柴田さんが受け取り伝える。そこを始点としてひめゆりの人々との関わり、受け取ることの伝えることの難しさ、楽しさ、重み、意義を四十五分という短い時間の中で語って下さった。生徒たちも活発に質問し、多くのことを得たように感じたが、以下に私が最も印象深かったやりとりを紹介したいと思う。これは授業後、全員で柴田さんへのお礼の手紙を書き、そのお返事を頂いた中にあったもので、生徒からの質問に対する答えだった。

〈質問〉「私は沖縄で津波古さんの講演会の時、必死でメモをとりました。後で読み返すために必要だと思ってやったのですが、今は「この行為は正しかったのかな」と疑問に思っています。なぜなら、これは「じっくりと人の話に耳を傾ける」ことにならなかった気がするからです。（中略）お話しの最中にメモをとるのはどうなのかと思うのですが、柴田さんはどう思われますか？」
〈回答〉「『メモをとり続けるのも間違いではないし、じっくり相手の顔を見ながら聞くだけだけでも良い、どちらも正しい』AかBか決められない質問というのは本当によい質問です。（中略）
1対1で津波古さんの話を聞く場合を想像してみましょう。皆さんどのように聞きますか？　皆さん話を聞きながら、ずっとメモをとり続けますか？　たぶんそうはしないと思います。新聞記者だって、話を全部メモするつもりでも、途中で質問したり、自分の考えをまとめて相手にぶつけるために、手を休め相手の顔を見るはずです。自分の考えや思いを相手に返していかないと、コミュニケーションは成り立ちません。「話す」「聞く」という行為は、一方通行ではないのです「話し手」は「聞き手」の反応を受け止めることで次の話を続けることができるのです。想像してみて下さい、皆さんは、無表情な人に向かって話し続けることはできますか？　できないでしょう？　新聞記者などは相手の顔を見て、相槌を打ち、質問しながらメモをする訓練もします。（中略）
講演会の時、「聞き手」全員が下を向いてメモをとっていたら、「話し手」はどう思うでしょうか。きっと話しにくいかもしれません。いや、逆に、「私の話を真剣にメモしながら聞いてくれている」

と思うかもしれません。どちらともいえません。大切なのは、その場が、きちんと気持ちの行き交う場になっているかどうか、ということなのではないでしょうか。講演の「聞き手」のひとりひとりが「聞きたい」という思いを持っていれば、その思いは「話し手」にも伝わります。

選択授業「ひめゆり」を振り返って

すべてが手探りと試行錯誤の一年間であった。やりたいことをやりたいだけ、しかも一回勝負で全力で駆け抜けた一年間であったが本当に生徒が良くやってくれ、周りの人の支えや協力によって無事にその学びを終えることができた。最終講義の最後には私と受講者と全員で「別れの歌」を歌って終わったのであるが、その時生徒に伝えたことは、「この一年間で学んだことを礎にして、更に平和に対する学びを続けて欲しい」ということであった。これから彼らが何を見、何を感じ、そしてそれをどう伝えるのか。その小さな波が更に大きな波となり、この地上を神の愛の如く包み、「平和」という絶対的な目的が達成されることを願ってやまない。

「平和教育」まとめ

この数年、自分なりに考え実践してきた「平和教育」について、大まかに紹介をしてきた。そのどれもに反省があるが、それは裏を返せばまだまだ伸びしろがあるということなのだと感じている。時々思うのだが、愚かな人間では「平和」という真に素晴らしい状態は築けないのかもしれない。世界中のどこかでいさかいが生まれ、紛争につながり、戦争やテロにつながるのかもしれない。しかしそれを止めたいと思わない人間はいない。大事なことはその不幸な状況を起こしてしまう立場に自分が置かれた時、その時にこそ振り上げた拳を静かにおろせる勇気なのかもしれない。その決断ができるように「平和教育」をこれからも積み重ねていきたい。そのための学びの方法として、私は戦争を何とかして身近な出来事として捉えさせるべく調べ学習の方法を模索してきた。もちろん、学習者の中にはこちらが熱を持ってはなせば話すほど冷めていく者も少なからずいることは事実である。しかし、そんな彼らの心の中にも大切なものを守りたい気持ちがあることにかわりはない。ただそれが、この学習のタイミングで出なかっただけかもしれないし、この方法で発揮されなかっただけかもしれない。逆にうまく気持ちが伝わった学習者がいたことに感謝したい。彼らは私の課題や要求に良く付いてきてくれ、そして良く応えてくれたと思う。それらは私がこれからも続けていくであろう「平和学習」への取り組みの心強い支えである。

特別支援学校から

特別支援学校の「ことばの教育」に関する一考察

酒井亜希子

はじめに

東京都には、盲学校（視覚障害特別支援学校）、聾学校（聴覚障害特別支援学校）、知的障害特別支援学校、肢体不自由特別支援学校、病弱特別支援学校等があり、様々な障害がある児童・生徒が個々の実態に応じた教育を受けています。

特別支援学校に通う児童・生徒は、ことばの獲得について、個々の実態に大変幅があるため、多くの学校の授業では、通常学級のように教科書を使った一斉授業ではなく、児童・生徒の力に合わせたグループを編成し、個々の実態に応じて教材を工夫しながら、国語の授業を行っています。特別支援学校の学校生活や国語の授業の中で、「ことばの教育」がどのように行われているのか、私の知的障害特別支援学校での実践と経験の一部分を紹介しながら考えていきたいと思います。

一　特別支援学校の児童・生徒のことば

特別支援学校に通っている児童・生徒には、精神発達遅滞、てんかん、自閉症及び自閉的傾向、ダウン症、染色体異常、脳性麻痺、ＡＤＨＤ、ＬＤ等の様々な障害や疾病があります。それぞれの障害の重さによって、学級が分かれ、障害が重く、複数の障害を併せ持つ児童・生徒は重度重複学級、比較的障害が軽い児童・生徒は、普通学級に在籍します。

重度重複学級の児童・生徒は、口腔機能や呼吸機能の発達に障害があることで、発声が無く、瞬きや表情で自分の気持ちを伝える児童・生徒、「あー」「うー」などの表現で自分の意思を伝えようとする児童・生徒、自分がことばとして表現することができる単語で気持ちを伝える児童・生徒など様々です。

重い障害のために話せないからといって、ことばがないわけではありません。子どもにとって、表情・発声・からだの動き・身ぶりなどはこころを表すことばです。そのことばの数々を見過ごすことなく、しっかりと受け止め、「ことば」として返すことがおとなの役割であり、そのやりとりが豊かなコミュニケーションから話しことばへとつながるのです。

（小川原芳枝氏『障害の重い子とともにことばを育む』より）

障害が重い児童・生徒に対して、教員は、児童・生徒が表現したことに共感すること、発したことば、表現がうもれないように代弁したり、イメージを共有したりしていくことの中で、児童・生徒のことば、表現を広げ、社会や、人々の中に、児童・生徒の心を繋げていくことを支援することが必要になります。そのためには、児童・生徒の表現を日頃から意識し、児童・生徒の気持ちを読みとっていくこと、教員自身が豊かなことばかけをしながら、児童・生徒にことばを伝えていくこともとても大切になってきます。

普通学級の児童・生徒でも、教員が「これなあに」と言うと「これなあに」と言葉をそのまま返す児童・生徒（エコラリア）や、発音不明瞭で伝えたいことがなかなか伝わらない児童・生徒もいます。また、単語や一語文、二語文を話すことができ、意思を伝えられる児童・生徒、「てにをは」の使用を時折間違えることがあっても、しっかりとした文章でことばを話すことができる児童・生徒もいます。しかし、ある程度のコミュニケーションが取れる児童・生徒でも、自分が感じたことや考えたことをうまく伝えることができずに、分かってもらえないことでイライラしてしまい、トラブルを起こしてしまったり、自分の気持ちを伝えることが難しいため、黙り込んでしまう児童・生徒もいます。

教員は、児童・生徒にとって、気持ちを受け止めてくれる存在、安心して気持ちを伝えられる存在であるという、信頼関係を築いていくことがとても大切になります。教員と児童・生徒のラポートが取れていることが児童・生徒のことばを引き出すことにつながります。このことが、コミュニケーションをとるためにはとても必要になります。ラポートがとれている教員が、児童・生徒のことばを引き出し、表現したいことを手助けすることで、児童・生徒は安心して気持ちを伝えることができます。時間をかけて児童・生徒の気持ちをくみ取り、ことばを引き出しながら関わっていくことで、児童・生徒も豊かな表現力をつけていくことができます。

二　授業形態とアセスメント※

知的障害特別支援学校の児童・生徒は、日常生活や給食などは各学級で過ごしますが、国語や数学などの教科学習は、多くの学校では各学習グループに分かれ、それぞれの実態に応じた授業が行われています（多くの知的特別支援学校高等部では現在『類型化』という生徒の障害の状態・特性及び進路等に応じた教育課程を、各学校によって工夫して、設定された学級編成を行っているため、教科学習も各学級で行うところもあるかもしれません）。児童・生徒の実態を把握し、実態に合わせた授業を行うため、アセスメントをする必要があります。

私が初任者の時に勤務していた知的障害特別支援学校高等部では、日常生活面や身体面での実態把握の他にも、太田のＳｔａｇｅ評価法※と、入学相談の時に行うテストを学習ステップ表として提示することによって、生徒の実態を把握し、発達段階に合わせた学習グループ編成を行っていました。学習ステップ表とは、この学校の教員が独自に開発したものなのですが、物の名称について理解できるか、ひらがな・カタカナの読み書きができるか、「てにをは」の使用ができるか、文章の読解ができるか、漢字の読み、書きができるか等を就学前、小学校一年生、二年生と順番にテストをし、どこまでクリアできるのかを表にまとめたものです。それによって、どの段階が何％までできているかを把握することができます。

例えば、Aさんは、漢字の読み書きが五年生まで九六パーセント理解できていても、文章読解になると、小学校一年生の問題が八％ほどしかできていないということであれば、漢字の読み書きはできても、文章読解は難しく、ことばの意味や心情表現の理解が難しいということになります。その結果を見て、Aさんに合った学習グループに所属させます。そのステップ表をもとにして、学習グループを編成し、生徒の実態に応じた授業が行えるようにしていきます。

次に異動した知的障害特別支援学校高等部では、はじめはアセスメントが行われていませんでした。前任校での実践や学習ステップ表について伝え、高等部の入学相談担当者と協力することで、入学相談時のテストの変更を行い、太田のＳｔａｇｅ評価法、学習ステップ表の導入を行い、生徒のアセスメントをとることができました。この様なアセスメントによって、教員が各グループで担当する生徒達の実態をより丁寧に理解することが可能になりました。現在では、Ｓ－Ｍ社会生活能力検査※等のアセスメントも行われています。

アセスメントを行うことで、生徒の発達段階を教員がより理解し、その段階に応じた指導を行うことができます。教員が、生徒に文字の読み書きや体験したことを話すようにさせたいと思っていても、生徒の実態がまだその段階まで進んでいなければ、生徒にとっては理解できないものになってしまいます。生徒の実態を知り、それに合わせた支援をしていくことは、特別支援学校の教員にとって重要なことだといえます。

三　特別支援学校の授業教材について

今まで私が在籍していた知的障害特別支援学校高等部では、通常の学校のように、年間を通して同じ国語の教科書を使用して授業をするということはありませんでした。教科書として、学校教育法附則第9条による一般図書（絵本等）を使用し、それを授業で活用することはありましたが、いわゆる一年間通して使用する教科書ではないので、教員が個々の生徒の実態に合わせて教材教具を工夫し提示することで生徒の国語の力を伸ばしていくという授業方法をとっていました。特別支援学校によっては、準ずる教育課程があり、学齢に応じた教科書を使用している学校、知的障害がある児童・生徒用の教科書を使用している学校と、各学校によって、授業の方法は異なります。

通常学級のような教科書がないということは、その授業を行う教員が、高校三年間の授業の中で、どのような教材を使い、どのような力を伸ばし、卒業させていくのかを考え、年間指導計画や個別指導計画を作成し、それをもとに、卒業後を見越した支援を行っていかなければいけません。アセスメントの結果を見て、生徒の実態を理解し、実態に合わせた教材を考え、生徒が興味関心を持ちそうな教材を準備し、授業の中での生徒の反応を見ながら、次の授業に向けてさらに教材教具を工夫していく必要があります。このような授業形態なので、全ての授業は、自分の経験や知識の中から提示します。自分自身の経験や知識が豊富でなければ、生徒に伝えられる教材が限られてしまいます。その責任の重さに愕然としたものです。生徒の実態が変わるたびに教材教具を工夫する必要があり、常に教材については悩み、授業を行いながらさらに検討し、一緒に授業を行う教員と相談して、授業を行っていくことが必要です。

四　研修から学んだ教材・教育観

特別支援学校での授業は、このように一人ひとりの教員の教材の工夫によって行われています。国語の授業で活用する教材・教具には、サインやシンボル、模型、絵カード、文字カード、絵本、パネルシアター、紙芝居、プリント等があります。それぞれの教材は、各学校で購入されて教員が活用できるものもありますが、教員一人ひとりが自分で開発し、自費で材料を購入して手作りで作成している教材が多くあります。

私は、仙台の「アトリエ自遊楽校」や四日市市の子どもの本専門店「メリーゴーランド」主催の『保育学セミナー』や『海辺の学校』などの研修、「クレヨンハウス」主催の『夏の学校』などの民間の宿泊研修等で、授業教材や児童・生徒のことばかけや視線についてのヒントをもらってきました。この研修会は、実際に詩や絵本を書いている絵本作家や作家、詩人が講師として参加するので、直接作家や詩人から学ぶことで、私が教材として使用する絵本や詩をより深く学ぶことができました。また、参加することで自分自身の感性や感受性、教育観を豊かにすることができたと思っています。

『保育学セミナー』で参考となったのは、増田喜昭さんの講義でした。増田さんは、子どもの本屋「メリーゴーランド」店主で、実際に本屋で子どもたちに人気がある絵本を子どもたちの視点に立って紹介し、今年のおすすめの絵本五十冊のレクチャーをしてくれました。私は、書店で教材を決めることもありますが、増田さんの講義を受講後、児童・生徒の実態や季節に合わせた絵本を教材として選び、実際に授業で活用することができました。

「海辺の学校」という研修会の中で、絵本「もこもこもこ」の作者、元永定正さんは、「子どもの発想の豊かさ、おもしろさに感心し、自分も自由な発想の中で描いている。大切な何かを次の世代につなぐこと、本物を見る目を育てていくこと、子どもの心を大切にしていきたい。子どもたちを教育産業の中に置くのではなく、子どもの心を大切にする環境の中に置かなければいけない」と話していました。

特別支援学校の高等部では、生徒が自分の心を表現できるような楽しい授業をし、教材を工夫し、日常生活の中でも生徒が伸び伸びとことばや気持ちを表現していけるような環境を作ることが大切であると思いました。実際の授業の中で、「もこもこもこ」をはじけるような音やことばで読み聞かせをすると、興味を持って絵本を見たり、笑顔で聞いていたり、笑い声を出したり、一緒にことばを言う生徒もいました。研修で学んだことを少しでも生かすことができたと感じています。

絵本は特別支援学校では大切な教材の一つです。今後も生徒が興味を持てる絵本を選び、絵本のなかからたくさんのことばの表現や楽しさを伝えていけるようにしたいと思っています。

五　「国語」の授業実践の中でことばを育てる

1　障害が比較的重度の生徒へのアプローチ

発語が少なく、集中する時間が短かく、文字の認識がまだ持てない生徒の国語の授業で、どのようなことを行えば良いのか悩みながら授業を重ねていく中で、私が今でも活用しているのは、パネルシアターを使った授業です。パネルシアターは、生徒が場面展開を楽しみながら、集中して見ることができ、歌を歌いながら物語を進めていくことで、生徒も歌を自然と口ずさみ、発語発声を促すこともできます。民話や絵本を自分なりにアレンジし、パネルシアターを作成し、曲をつけながら、授業を行うこともありましたが、主に、研修で学んだ増田裕子さんのパネルシアターを参考して、授業を行ってきました。増田裕子さんのパネルシアターは、曲や歌に合わせてテンポ良く登場人物が出てきて、次の場面にうつるので、生徒達もパネルに集中することができます。歌だけでなく、その場での話の内容や話し方も「次はどうなるのかな」と期待感があり、惹きつけられる教材が多くありました。

パネルシアター「すてきな帽子屋さん」を授業で取り組んだ時のことです。このパネルシアターは、ぞうやうさぎなどの動物が、帽子屋さんに「帽子をください」と帽子を買いに来る物語です。動物と帽子を良く見て、マッチングさせるのですが、教員の工夫で、登場人物に注目させること、登場人物に似合う帽子を見つけること、帽子屋さんと会話をすることなど、色々な課題に取り組ませます。

登場する動物を見て、名前を言うことが難しい生徒でも、動物の洋服の色と帽子の色を見て、「同じ」「似合う」ということを意識して帽子を選ぶことができる生徒もいます。日常生活の中で発語があまりないのですが、歌が気に入り、何度も繰り返した授業の中で歌のフレーズを口ずさみ、場面に合わせてことばを出すことができた生徒もいました。その生徒が持つ内言語を引き出すことができ、ことばと物語の場面が重なった瞬間でした。

発語を促すのに物語の内容を実際に意識し、映像とことば、歌での表現が一致することで、ことばと物の結びつきを理解させることができます。パネルを動かすことで、生徒が登場人物を演じて場面にあわせたことばや表現をし、場面の展開も、生徒が物語を覚えてパネルを動かして変えることができます。パネルシアターは、発語発声を促し、イメージの世界を広げることができる教材だと考えています。

2　障害が比較的軽度の生徒達へのアプローチ

障害が軽度の生徒は、卒業後、企業で働く生徒もいるため、コミュニケーション能力を伸ばすために、漢字の読み書き、説明文・文章の読解、メモを取って書く学習、敬語の学習等を行いますが、文章の読解が苦手な生徒も多く、集中力を持続させるのが難しい生徒もいます。私は国語の授業の中で、短いことばで書かれている詩を読む授業を多く取り入れてきました。詩は、作者が伝えたいことばを選び、短いことばで語りかけてくるので、生徒にとっては比較的親しみやすい教材であると感じています。

「海辺の学校」という研修会の中で、詩人、谷川俊太郎さんと息子でピアニストの谷川健作さんの講義がありました。谷川俊太郎さんが、小学生と中学生にことばをかけていき、海を見ながら詩を完成させていきました。まず、子どもたちが目にしているものを次々とことばにさせていき、「どこまでもひろがる深い青　空とまざりそう」と子どもたちの言葉を整理します。それを黒板に書いてから、『あなた』と呼びかけたい人はいますか？と問いかけ海を見ている第三者に焦点を当て、表現をひき出していくのです。

その結果、

どこまでも広がる深い青　空とまざりそう　あなたとまざりそう
あなたの色のままで　守り続けることができるのならば
海の青よりきれいな　あなたを見ていられるでしょう
あなたをつつんでいたい　つよくやさしく波のように
おもいはいつでも　はてしなくかぎりなく
透きとおる世界へ　虹のスペクトル

という詩ができ上がりました。最後に谷川賢作さんがこの詩に曲をつけることで、詩が心にしみこむように入ってきました。谷川俊太郎さんのことばのかけ方によって、子どもたちのことばを引き出し、「海辺の詩」が完成した講義でした。詩の授業づくりへのヒントだけでなく、ことばの引き出し方も学ぶことができました。

このことばのかけ方をヒントにし、鶴見正夫さんの「雨のうた」を音読し、詩をつくる授業を行いました。

授業では、梅雨の時期に雨を実際に見ながら、雨が当たる物、雨が当たった時の音を感じながら詩をつくっていきました。雨が何に当たるのか、例えば、今、何に雨が当たって音がでているのか、どんな音がするのか、誰と雨を見たいか、生徒にゆっくりとことばをかけていくと、あまり自分からことばを発することや考えを言うことが難しい自閉的傾向がある生徒も、具体的なことばや音を想像して表現することができました。また、想像力が豊かな生徒は、恋人と二人で雨を見ている、二人だけの雨のうたにするというイメージを持ち、ロマンチックな表現で詩を作った生徒もいました。

具体的な物、目の前にあるものから、ことばのイメージを広げ、想像していくことで、自分の持っている内言語を、ことばにしていくことができた授業になったと思います。また、この授業の前に、擬音語・擬態語・擬声語の学習を行ってきたので、生徒は、様々なテーマで音を表現してきており、音読の時には雨の音を表現力豊かに読むことができていました。

私は、高等部の三年間の中で必ず谷川俊太郎さんの「生きる」の詩※に取り組んできました。教材観は「詩のリズムや響きだけではなく、詩が伝える深い意味、ことばの響きの美しさの中にある作者の思いを理解するということを学習し、たったひとつの自分の命を大切にし、自分の可能性を信じ、たくさんの夢や希望を持って生きていくということを感じながら読む。この詩を通して、物事を豊かに感じ考える力を高め、ことばのリズムの美しさを感じ、表現力をより豊かにしていけるようにする。」です。

高等部を卒業して、社会に出ると、今まで経験したことのない多くの困難があり、時には大きな壁にぶつかり、悩み苦しむこともあります。生徒が生きていくことの素晴らしさや、命の大切さを感じ、辛い時に思い出してくれると良いなと思いながら授業を行ってきました。「生きる」の詩の音読を行ったあと、自分達で詩をつくる授業を行いました。「生きる」の詩は五連に分けられ、それぞれの連ごとにテーマをもうけ、生徒のことばを引き出し、詩を完成させていきます。詩の中で使用されている具体的なものについては、できる限り視聴覚器材を使い、生徒がイメージを持ちやすいように工夫しました。

例えば、第二連に書かれている美しい物や芸術が出てくる連では、ヨハン・シュトラウスの音楽を聴かせ、ピカソの絵を見せるなど、視聴覚教材を工夫することで、生徒はこの詩に書かれていることをより理解し、自分だったら何が好きなのか、何を美しいと思うのかと具体的に想像し、ことばを多く引き出し、詩を作っていくことができました。美しいと思うもの、可愛いと思うものをそれぞれの感性で書いていくことができました。第四連のこの地球で生きる人達、自分達が生きている場所から遠く離れた場所で生きる人々について考える時には、新聞やニュースについて伝えると、今の時事問題から戦争で亡くなる人達の命について考えながらことばを引き出し、詩にした生徒もいました。最後の第五連では、生きとし生けるもの、そして今を生きる自分を見つめます。誰のことを思ってことばを伝えたいかと問いかけた時に、大切に思っている人達への感謝や、好きな人のことを思ってことばを引き出し、詩にした生徒もいました。そして、自分のことを見つめさせ、生きることの大切さや素晴らしさを感じながら、自分なりの「生きる」の詩を作ることができました。一生懸命に考えて作り上げた詩なので、生徒も自分が引き出したことばに自信を持ち、作った詩を大切にしていました。

国語は、生徒に文字や文法、表現方法などを教えるだけでなく、気持ちを豊かにし、心に残ることばを残すことができる教科だと思います。

谷川俊太郎さんも工藤直子さんも、詩をピアノの曲にのせて朗読したり、歌詞のように歌いながら朗読し、音と詩のコラボレーションの素晴らしさを話してくれました。実際に詩を曲にのせると、読む方も気持ちが乗って、ことばを引き出しやすくなります。特別支援学校の生徒の中には、曲がかかるだけで、気持ちがリラックスし、発語が促される生徒もいます。音楽の教員と連携し、生徒のことばをあつめて文化祭や修学旅行のテーマソング、卒業式の歌などの曲を作ったときには、生徒も自分が考えたことばやフレーズをとても良く覚えていて、気持ちを込めてことばを出し、歌うことができました。

授業実践のなかで、今まで作った詩、読んだ詩をまとめた世界にたった一つだけの本づくりを行ってきました。卒業しても、今まで感動したことばや自分が考えたことばを覚えておいて欲しいという思いで卒業制作をしました。社会に出てからは、学校の授業のように学ぶ機会はなくなり、社会の中で出会う人達から学んでいくことになります。働いていて、辛くなった時には、今まで国語の授業で学んだことを思い出して、そのことばから元気や勇気をもらえると良いと思っています。

私が異動し、他の学校で働いている時に、前任校の卒業生から近況報告の電話があり、その後、「先生と国語の授業でやった詩が、今も私に元気をくれます。」というメッセージをもらい、とても嬉しかったことを覚えています。卒業後働いている生徒が、人間関係や仕事の内容が辛くて、ストレスを抱えたり、仕事を辞めてしまったりすることはとても多いです。余暇が充実していれば、それなりにストレスも解消できますが、ほとんどの卒業生は外に出てストレスを発散できずに、家の中で過ごしていることが多いです。授業で学んだ詩や、自分が作った詩を読むことで、癒されたり、力をもらったり、リフレッシュすることができればとても嬉しいです。

まとめ

特別支援学校の高等部を卒業した後、ほとんどの生徒は社会に出て働きます。企業で働く生徒、作業所や生活実習所で働く生徒と様々です。ことばの力、コミュニケーション能力の育成は卒業後の職業生活、社会生活の中で、対人関係を作っていくため、とても重要な課題です。そのため、国語の授業の中だけではなく、日常生活全般、他の教科の授業の中でも、生徒の課題を共通理解し合い、ことばの力、コミュニケーションの力を育てていくことが大切です。学校生活の中で、卒業後のために豊かなことばの育成をし、伝えていく力をつけていくのはもちろんですが、在学中は、結果を求めるだけでなく、生徒一人ひとりが気持ちを込めて発したことばや、書いた文章、そのことばや文字にいきつくまでの過程を大切にしていきたいと思っています。

作家の灰谷健次郎さんが亡くなる二年前、研修会の中で、

「教育的に」という前提があると、子どもの表現はたいていのものが逆になってしまう。成長すると分別や思慮が出てきて作品などはつまらなくなってくる。ある子どもが、たくさんの色で線を引き、何かを描こうと夢中になって描き、何度も形にしようとするがもっと大きな絵を描こうと思っているが描けず、時間になってしまい最後はぜんぶ真っ黒に塗りつぶし、できたものを「はなくそ」と言った。結果描き上げたものは、先生が見た時には「はなくそ」になってしまった。指導主事は、この表現の授業を見て、真っ黒な玉を貼り付けていた子どもの作品の結果だけを評価し、その子がどんなに熱中したかは全く評価されなかった。そして、教育的配慮はどうだったのですかと言われた。その子どもがどんな思いでその黒い玉をつくったのか、人に真似できないようにと熱中して懸命に描いたという過程を無視している。真の子どもの姿を分かってもらえなかった。（子どもと学ぶセミナー二〇〇五「海辺の学校」セミナー①「こども・美術・ことば」より）

というお話がありました。学校現場の中では、「教育的」ということは当然のこととして使用されていますが、見方によってはそれが児童・生徒の自由な発想や表現の芽を摘んでしまっていることがあるのではないでしょうか。児童・生徒が一生懸命に考えたり、表現したりできる環境を私達は作っていくべきであり、そのような教材を工夫していかなければいけないと思いました。結果でなく過程、その時に感じたこと考えたことを見ていくことで、児童・生徒が表現したかったこと、姿が見えてくる

ものです。特別支援学校の児童・生徒は、目に見える結果として何かを残していくことが難しいことがあります。そこまで至る前に疲れてしまったり、別の方向に気持ちが行ってしまうこともあります。授業の中では、教員は、あせらずゆっくりと児童・生徒が感じたこと考えたことを受け止め、ことばや文字へ繋げていく手助けをしていくことで、児童・生徒のことばや文字の獲得を支援していくことが大切です。

特別支援学校での「ことばの教育」は、その結果が目に見える時と見えない時があります。ことばを育てていく過程を大切にし、児童・生徒の実態を理解し、内面を育てていくこと、それぞれに合った教材を工夫し、一緒に授業を行う教員との連携の中、児童・生徒の表現を丁寧に見ていくことが必要です。障害が重度の児童・生徒には、ふれあいの中、豊かにイメージやことばが広がっていけるような環境を作っていくこと、児童・生徒の表情からよみとった表現に共感し、教員が代弁して、ことばとして表現していくことが大切だと考えます。そんな中、ある時、ふとことばが出ることもあります。障害が軽度の児童・生徒には、自分の持っていることばをより表現できるように手助けをしていき、豊かな感性や感受性を育てていけるような教材を工夫し、表現させていくことが大切だと考えます。その結果、社会に出て行った時に、自分のことばに自信を持つことができたり、相手の気持ちを考えながら人とのコミュニケーションを取ることができたり、自分の気持ちを表現することができると良いと考えます。

特別支援学校では、児童・生徒一人ひとりの障害や実態を丁寧に理解している必要があります。そして、児童・生徒に関わる全ての教員が、児童・生徒の課題を共通理解し、学校生活全体の中で、コミュニケーションの力、ことばの力を育てていくことが、特別支援学校におけることばの教育であると私は考えます。

※アセスメント　指導に生かすために、幼児児童生徒の状態をきめ細かく多面的に見て取ること、そして、指導を計画し、それらが指導の効果に結びついているか実践を通して確認し、こどもの理解をより深めるプロセスがアセスメントである。（須田正信編著／小田浩伸・大谷博俊・伊丹昌一著『基礎からわかる特別支援教育とアセスメント』明治図書、二〇〇九年）

※太田のStage評価法　「太田のStage」は、基本的には認知発達の低い順からStageⅠ「シンボル機能が認められていない段階」、StageⅡ「シンボル機能の芽生えの段階」、StageⅢ-1「シンボル機能がはっきりと認められる段階」、StageⅢ-2「概念形成の芽生えの段階」、StageⅣ「基本的な関係の概念が形成された段階」の5段階に分けられる。評価の方法は、LDT-R（言語解説能力テスト改訂版）を用いる。このStageの評価法の利点はテストがきわめて簡便で、しかも子どもの認知の構造が抽出できることにある。（太田昌孝・永井洋子編著『認知発達治療の実践マニュアル自閉症Stage別発達課題』日本文化科学社、一九九二年）

※S—M社会生活能力検査　領域別に社会生活年齢（SA）と社会生活指数（SQ）が算出され、SAプロフィールを描くことで、子どもの特徴がわかり、適切な指導が行える。（監修三木安正『新版S—M社会生活能力検査』日本文化科学社、一九八〇年）

※　生きる

生きているということ
いま生きているということ
それはのどがかわくということ
木もれ陽がまぶしいということ
ふっと或るメロディを思い出すということ
くしゃみすること
あなたと手をつなぐこと

生きているということ
いま生きているということ
それはミニスカート
それはプラネタリウム
それはヨハン・シュトラウス
それはピカソ
それはアルプス
すべての美しいものに出会うということ
そして
かくされた悪を注意深くこばむこと

生きているということ
いま生きているということ
泣けるということ
笑えるということ
怒れるということ
自由ということ

生きているということ
いま生きているということ
いま遠くで犬が吠えるということ
いま地球が廻っているということ
いまどこかで産声があがるということ
いまどこかで兵士が傷つくということ
いまぶらんこがゆれているということ
いまいまが過ぎてゆくこと

生きているということ

いま生きているということ
鳥ははばたくということ
海はとどろくということ
かたつむりははうということ
人は愛するということ

あなたの手のぬくみ
いのちということ
（谷川俊太郎『はるかな国からやってきた』
童話屋、二〇〇三年）

参考文献

谷俊治・波瀬満子・谷川俊太郎・小川原芳枝・佐藤真理子『あたしのあ　あなたのア　ことばがうまれるまで』（太郎次郎社、一九八六年）
谷川俊太郎・谷川賢作『家族の肖像』（プライエイド、二〇〇四年）
増田裕子『増田裕子のミュージックパネル』（クレヨンハウス、二〇〇八年）
水内喜久雄編著『子どもといっしょに読みたい詩100』（たんぽぽ出版、二〇〇二年）
水内喜久雄編著『教室で読みたい詩12か月小学校1・2年生』（民衆社、一九九五年）
谷俊治・小川原芳枝「あ」の会『障害の重い子とともにことばを育む』（学苑社、二〇〇九年）
灰谷健次郎『せんせいけらいになれ』（理論社、一九九二年）
谷川俊太郎　元永定正『もこもこもこ』（文研出版、二〇〇五年）
谷川俊太郎『はるかな国からやってきた』（童話屋、二〇〇三年）

高等学校から

今どきの子の古典教育

杉村千亜希

はじめに

今どきの子にとって、「古典」という教科は、あらゆる点においてイミガワカラナイらしい。まず、書いてあることのイミガワカラナイ。そして、何故昔の文章を読まねばならないのかイミガワカラナイ。古典を勉強したら、どんなメリットがあるのかイミガワカラナイ。女性なのに額田王っていうネーミングのイミガワカラナイ……。

教室に飛び交う、日常生活で使うことのない千年前の言葉・文法ルールについての、今どきの子の偽らざる本心である。

これらの問いに対して、「受験のため」とか「良い成績を取るため」とかいう解を出すのは簡単だ。しかし、大学全入時代に突入してしまった現在、これらの解は、なかなか効力を発揮しない。第一、成績で釣って勉強させるのは面白くない。他に、「日本文化の伝統を味わうのだ」という解もあるだろう。それを、現代文でさえ縦書きだと無性に難しいと感じるらしい今どきの子が、どんなふうに味わうのか疑問である。そもそも、味わうとはどういうことなのかという疑問もある。鑑賞文（感想文？）を書けば味わったことになるのだろうか。書かれた鑑賞文は、〈味わっている鑑賞文〉と〈味わっていない鑑賞文〉とに分別されて評価されるのだろうか。〈味わったかどうか〉が評価者の主観ひとつで決まるような方法は、何かと疑問が残る。かといって、鑑賞させっぱなしで振り返らないというのも、何だかよくわからない。文学作品を味わう経験は、中高生にとって不可欠だ。しかし、試験や評定や受験や偏差値やらと無縁ではいられない学校教育のメインテーマに〈味わい〉を据えることには無理があるだろう。冒頭の問いに対して、他には、「課されたことをコツコツとやり抜くという、その経験こそが大切なのだ」という解もあるかもしれない。そのような経験を通して、きっと生徒たちは生きる力を身につけるのだろう。でも、そのためだけに活用表を暗記させるのは寂しい。

筆者の中学校・高等学校での現場経験を通して、古典教育とは何かを改めて考えてみたい。

一　教室から

「学校教育」と一口に言っても、各学校ごとに生徒の学力・気性・環境は大きく違う。
「五〇分間、座ったままでじっとしていなきゃいけないのは、本当につらくて忍耐の要ることなんだよ。」

と、授業中にサッカー部の生徒が真摯な目で教えてくれたことがある。

「そうか。それも勉強だよ、頑張れ。」

と言った私は、『無名抄』が言うところの幽玄や余情について語っていた。教科書や資料集には、中世和歌の目指す表現を「観念的美的世界、いわゆる新古今調」などと解説されているが、「カンネンテキ」という語を知っている生徒は少ない。「ビテキセカイ」に女生徒は反応するが、そのイメージは化粧品かダイエットである。

以下はA校での例。この学校は、平均的な大学付属の中学校高等学校で、ほぼ全員が付属大学に内部推薦で入学出来る。そのため、クラブ活動や委員会や校外活動に専念でき、のびのびと充実した学校生活が送れるという特徴がある。ギスギスしたところのない、活発でおおらかな生徒が多い。学力は高校入試の段階で中堅レベル、その地域では二番手の併願校である。

とにかく学習への意欲を持たせることが難しい。多くの生徒の関心事は、放課後の習い事やクラブ活動である。

彼らは解説を聞きながらノートに書くということが出来なかったので、現代語訳をプリントにして配布することになった。別の先生が作って下さった模範現代語訳は、それそのものが、今どきの高校生には古語だったようで、イミガワカラナイと質問が殺到した。

どういうところの意味が分からないのか。『伊勢物語』初冠の段の例を挙げたい。傍線等は筆者。章段の末尾、主人公の「男」が「女はらから」に贈った歌の補説のような部分である。

【本文】

みちのくのしのぶもぢずりたれゆゑに乱れそめにしわれならなくにといふ歌の心ばへなり。昔人は、かくいちはやきみやびをなむしける。

【現代語訳】

みちのくの……

という①歌の趣に②よったのである。昔の人はこんなにも熱情をこめた、③風雅な振舞をしたのである。

生徒にとって、①の「歌の趣」の意味が分からない。「オモムキ」と読めない生徒も多い。今どきの子にとって「オモムキ」は死語である。「歌の意味ってことですか?」と質問され、答えに困ってしまった。歌の趣＝歌意でもいいのかもしれないが、ここはこだわりたい。意味＝訳だととらえる生徒も少なくないし、何より古歌をふまえた詠歌の表現の重層性を伝えたい。この単元の学習事項とされる「いちはやきみやび」にかかわってくる大事なところである。さらに、②も生徒には馴染めないようであった。「寄った」でもなく「酔った」でもない「拠った」に出会うことの少ないお年頃なのである。そして極めつけは、③の「風雅」。「風流で雅な感じ」と説明することは容易いが、今度は「風流ってなんですか」と質問される。気の利く生徒は電子辞書をたたく。すると「詩経大序にいう六義中の、風と雅」なんて出てきて、ポカンとする。

このように書いてくると、単なる用語の問題だけではないことが分かってくる。「趣」や「風雅」は、本文を精読することで読み取れる情感そのものを示しているのだ。ということは、本文理解を通して「趣」や「風雅」の語意を理解させるという方法で解決できるのではないか。ただ、作品が書かれた時代の価値観に現代の子ども達が共感出来る場合に限られるが、古典教育の場から現代語の学習へと学習を広げられる可能性はあると思う。

別のB校のケースも見たい。偏差値の高い、いわゆる真面目で賢い生徒の多い学校でも、似たような問題はある。古典の授業では、予習として教科書の本文をノートに写し、自分で辞書を引き、出来るところまで現代語訳をするという課題を出していた。

授業では、ひとりずつ指名して本文の音読・現代語訳をさせる。どの生徒も完璧な訳をつける。皆の前で間違えると恥ずかしいという意識があるようだ。

あるとき、『源氏物語』桐壺巻の冒頭部の授業をしていた。光源氏に対する帝の寵愛を述べる部分。

この御にほひには並び給ふべくもあらざりければ、おほかたのやむごとなき御思ひにて、この君をば、わたくしものにおもほしかしづき給ふことかぎりなし。

主語の変化、「にほひ」や「おほかた」と「わたくしもの」の語意など、訳しづらいところの多い文である。ひとりの生徒が現代語訳を答えた。

この若君のお美しさにお並びになることもできそうになかったので、一通りの形ばかりのご寵愛で、この若君をばご秘蔵に思し召し大切にあそばすことこの上もない。

妙に指導書の訳文に似た、見事な現代語訳である。私は、くだんの生徒を誉めちぎった上で、文意について聞いてみた。

㊕「『やんごとなき御思ひ』とは誰のどのような思いですか？」

㊓「……………。」

ついでにいうと、この生徒は「ご秘蔵」が正しく読めなかった。別のところから現代語訳を見つけてきてノートに丸写ししているのである。前述の初冠の例と同じく、訳は手元にあるけれど、いまいち文意がつかめないという状態なのである。よくよく教室中を観察すると、多くの生徒がインターネットの記事をプリントアウトしたものを隠し持っていた。古典の単元になっている古文は、語句説明や品詞分解や現代語訳、模擬テスト様のものまで、すべてインターネットで検索すると見つかるのだそうだ。生徒は〈予習〉と称してそれらをプリントアウトする。授業中に指名されたらそれを見る。やはり、今どきの子は要領がいい。教科書ガイドなる参考書が昔から発売されているように、予習としては十分なのかもしれない。しかし、〈インターネット〉に書かれていることを再確認していくだけの授業になってしまいがちであった。ネット情報以外のことを聞いてくれるなという空気が教室に漂うのである。

座席順に現代語訳か品詞について質問し、整然と生徒が答えてゆく。一見すると理想的な授業のようだが、この予定調和がどうにも不気味である。私は、生徒を含めた私達がしていることの意義がわからなくなり、「みんなは何が知りたいの？　何がしたいの？」と聞いてしまった。彼らは真顔で答えた。「調べてきた訳や品詞分解が〈正しい答え〉として教員から言われるのを見聞きして安心したい。」と。教員は、〈安心〉も売れるのだった。しかし、〈安心〉だけを売っていて良いはずがない。このような学習だけでは、未知の文章や問題にぶつかったとき、自分の力で読み解く力はつかないだろう。

これらの事例から痛感させられるのは、古典の授業とは、現代語訳や品詞分解を伝えることが目的ではいけないのだということである。現代語訳や品詞についてなど、それこそインターネットで検索すれば短時間かつ無料で手に入れられる。生徒にしてみれば、いつでもどこでも入手できる情報なのだから、なにも授業中に教員の解説など聞かなくてもいいという発想になるのは時間の問題である。

このように見てくると、改めて「古典」という教科で「何のために何を学ぶのか」について考えさせられる。

二　古典の時間に学ぶこと 1

「古典」という教科で、何のために何を学ぶのかということは、実はあいまいである。多様な意見があるはずだが、ここでは、実際の授業の中で生徒が学んだこと、それを見て私が学んだことを挙げたい。

例えば小規模の私立中高一貫校、C校。様々な理由で公立や他の学校になじめなかった生徒達が多い。家庭環境や対人関係に悩み、学習に集中できない生徒も多く、したがって一般に言う学力も高いとはいえない。ただ、少人数のクラスなのが幸いしてか、アットホームな雰囲気で一人一人のリアクションは素直である。

その学校で『竹取物語』の冒頭部の授業をしていた。本文を挙げる。傍線等は筆者。

今は昔、竹取の翁といふものありけり。野山にまじりて竹を取りつつ、よろづのことに使ひけり。名をば、さぬきのみやつことなむ言ひける。その竹の中に、もと光る竹なむ一筋ありける。あやしがりて寄りて見るに、筒の中光りたり。それを見れば、三寸ばかりなるひと、いとうつくしうてゐたり。翁いふやう、「我朝ごと夕ごとに……

細かい品詞についての学習は後から解説することにして、文意をつかませるために、単純に一語ずつ現代語に直していった。そのとき一人の生徒が、「途中で過去形から現在形に変わるのは何故ですか。」と質問をした。引用文でいうと、傍線部のところで、それまでの「けり」でしめくくられている文末が、「たり」に変わる。その生徒は、英語の時制を思い出していたのかもしれない。一人の生徒が発した疑問は教室中にひろがり、皆が不思議そうな顔をする。

助動詞は、物語の構造を学ぶ手がかりになる。「竹取の翁がいた。」というと、過去の出来事だと私達読者は受けとる。「近寄って見ると、竹の中が光っている。」というと、あたかも今ここに光る竹があるような気がしてくる。生徒達は、文末の助動詞に注目することで、「昔の出来事」として語り出された作中世界が、いつのまにか〈今〉のこととして、現前に起こっている出来事のように受け取ってしまうことを、身をもって感じるのだ。また「見る」という語が繰り返されることによって読者の注意をひき、あたかも目の前に光る竹があるかのような臨場感をもって読めることを感じ取るのである。物語始発部は、このように読者を無理なく物語の世界へ誘う仕組みになっているということを生徒達は学ぶのである。また、「名をば……なむ言ひける」という口語的な口吻は、〈語り手〉の存在を感じることができるだろう。生徒にとって、古くさくて難しい古文の中にも、日ごろ友達とおしゃべりしている時のような〈語り〉の要素を発見したことは、意外性があり面白いらしかった。

この一件は、作品のストーリーを追うだけではない「読み方」を生徒が学ぶきっかけになったのではないかと思う。物語の構造を学ぶことは、〈作者〉—〈作中世界〉—〈読者〉の関係を認識することになる。このことは、発信者—情報—受信者の関係を意識することにもつながり、メディアリテラシー学習の第一歩にもなりえるのではないかと思う。他者との日常の会話においても、発信者—情報（会話）—受信者の関係を意識することが重要なわけで、話を大きくすると、生徒のコミュニケーション能力を伸ばす糸口にもなるのではないだろうか。

このような学習は、もちろん古典の教科でなくても学べるだろう。しかし、「現代語とは少し異なる日本語」である古語を題材にすると、生徒もことばや文章を対象化しやすいようである。

古典の学習を通して、メディアリテラシーやコミュニケーション能力の育成へ。これは、生徒に「生きる力」をつけさせる一端になるはずである。

三　古典の時間に学ぶこと　2

高校古典の定番として、「木曾の最期」という単元名を付けられた教材がある。『平家物語』の木曾義仲の最期を語った部分である。躍動感のある内容と文体で、学習者も親しみやすい。この教材を用いて古文に親しみ、主に敬語や中世軍記物にみる武士観などを学ばせるのだが、この授業を行っていて面白い発見があった。

「木曾の最期」のあらすじを確認しておくと、後白河院から義仲追討の院宣を受けた源頼朝は、一条次郎・土肥二郎実平らを派遣する。義仲は三百余騎で何千騎もの一条・土肥軍と戦い、とうとう主従五騎になってしまうところである。この五騎とは、木曾義仲・今井四郎・巴御前・手塚太郎・手塚別当である。

ある女子高生が言った。

「この五騎は、ゴレンジャーみたいですね。戦士五人で女性が一人。」

教室の生徒達は大盛上がりである。「学校」というところは面白くて、○○オタクというような、特定の分野の知識にずば抜けている人がたくさんいる。大学のように学部学科ごとに学生が分けられていないところが議論にはいいのかもしれない。数十人の生徒がいると、それぞれが知識を持ち寄って話題がひろがってゆく。別の生徒が、歴代の戦隊モノのキャラクターを列挙し分析を始めた。また、別の生徒はジェンダー論を展開し、昔は女性キャラクター一人に男性キャラクターが四人という型だったけれど、最近は男女比が問題視され、女性二人に男性三人のパターンもあるのだなどと解説を始める。これらの話し合いを聞いている大多数の生徒もそれぞれに興味をひかれていく。

教員としては、ひとしきり生徒達と盛り上がったあと、彼らの話合いをまとめ、話型や古典作品に見るジェンダーについて少々解説するだけでいいと思った。話型とは、物語や神話、伝説などのそれぞれの作品の枠組みや内容の面において共通する要素のことである。などという、長ったらしい解説をしなくても、天人女房譚やら貴種流離譚やら漢字の多い用語を連発しなくても、生徒達は話型を体得してゆく。ジェンダーについても同様である。作品が成立し、そして読まれる時代の社会通念に、〈作者〉も〈読者〉も影響されているのだということを、なんとなくでも感じ取るのである。文学理論を学ぶ、というには大づかみすぎる学習ではあるが、このように様々な視点から教科書の本文を眺めることは、当時の武士道や描写の残虐性や自害についてなどを批判的に考える手助けになるだろう。

そういえば、今どきの子によく質問されることがある。巴御前が御田八郎師重の首をねじ切って捨てるところで、「人間の首は、ねじ切れるんですか。」というもの。同じように、「今井四郎は、本当に刀をくわえてジャンプしたんですか。」という疑問である。物理的にこれらが実現可能かどうかは別として（実験されては困るので）、このような刺激的な描写がなされる意味を考えることは重要である。読み手に与える影響はどうかとか、比較対象として現代の漫画やドラマが純粋に実現可能な事実のみを語っているのかという考察をとおして、フィクションとは何か、エンタテイメントとは何かということを考え学ぶことも国語科の大事な学習であろう。

それもこれも、繰り返しになるが「古典」という対象化しやすい作品を題材にするからこそ生徒も受け入れやすいのではないかと思う。

四　学ぶ目的

これまで雑多な問題を羅列してしまったが、羅列なりに通観すると、多くの問題や学びは生徒の何気ない疑問に発していることに気づく。「オモムキ」の情感にしても、「けり」と「たり」にしても、生徒が不思議に思うことは、思考の根幹にかかわる重要なきっかけになっているのだ。教科書どおりの解説だけをしていても今どきの子は興味を示さない。大概が大人側にとっては予想外の、指導書には言及されないようなことに、子ども達はツッコミをいれる。そのちいさなツッコミからどのようなことが考えられるか、ことばや文章を相対化してとらえたときに何がわかるか、ということを掘り下げていったとき、子ども達は面白そうな顔をするのだ。

授業をしている私にとっても、子ども達の反応は面白い。

ある時、「鴨長明」を「かものちょうめい」と読んだ女子高生がいて、一躍ヒーローになった。カモとカモメ、音も似通っているし同じ鳥同士で、お茶目な感じもある。洒落として上出来ではないか、と私も大笑いしてしまった。私は「鴨長明」に馴染みすぎてしまって、こんな斬新なセンスは忘れてしまった。もうひとつ、「光源氏」を「ひかるげんじし」と読んだ生徒もいた。またも私は大笑いである。「源氏」の「氏」が氏名と人名の後につく「氏」のダブルミーニングになっていて、よく出来ている。もちろん読んだ生徒自身は、何の思惑も無く誤読したのだが、私が面白がって誉めたものだから、なんだか教室中が面白がって笑っていた。本当に些細な授業中の一コマであるが、誰だって面白くないよりは面白いほうが嬉しい。私は、嬉しいついでに、『源氏物語』における呼称のあり方について語ったりする。こんなことは高校の試験には出ないけれど、生徒達は面白がって聞いてくれるのだ。

結論から言うと、古典教育の目的とは生徒の思考を活発にすることに尽きるのではないかと思う。文章を読み、頭の中に思い描くような想像力、書かれていることを的確に読み取る客観性や論理的な思考を育てるのは、言語を用いてしか出来ないからである。さらに、古典の学習では、一つの語について語意の変遷を追うことなどから、「ことば」自体を相対化してとらえる学習も可能である。例えば、「古語の『なまめかし』は色っぽいんじゃありません。若々しいのです。」と言ったところで生徒達は、また試験のひっかけ問題になるのか、と思うだけである。なぜ語意が現代語と違ってきたのか、その変遷を追うことが、ことばの学習につながるのだ。また、古語の「いみじ」は単語集をみると「とてもひどいさま。また、たいへんすばらしいさま。」と解説されているが、今どきの子は「どっちだよ？」と正しくツッコミを入れる。この語は「忌む」から派生していて、そこから程度を表す語として良いことにも悪いことにも使われるようになったということを理解させないと生徒達は納得しないし、知識としても定着しないだろう。そうして、辞書に載っている語意をふまえ、文脈の中でどのような意味を持つようになるかを考えねばならないことも学んでいくのである。このような辞書的な言葉の意味と、「場」における語意の関係など、言語について的確に学ぶ機会が得られるのも古典教育のメリットであろう。

知らなかったことを知るのは楽しい。様々な考えに触れ、異なった視点から物事を見てみることは、生徒の興味をひき、学習意欲をかきたてることにもつながる。部活にしか興味のなかった生徒も、『大鏡』「南院の競射」では、道長のかっこよさに盛り上がっていた。ネット情報以外のことには興味がなさそうだった生徒も、「けり」と「たり」が作り出す〈語り〉の仕組みについて、いつもより前を向いて聞いていた。

何故古典を学ぶのか。それは、面白いからである。私達は、手元にある古典文学が、いかに面白いものであるかを忘れてはならない。今どきの子は、今どきの子らしい新鮮な感性で様々な疑問を発する。それをヒントに様々な方向へ生徒の興味と学びを引き出してゆくのが教育の役割なのではないか。

私達教員も、生徒の発言をきっかけに日々新鮮な観点で学んでいきたい。そして、古典の面白さ、知らなかったことを知る面白さを、はりきって生徒達に語るべきなのである。

古典文学に親しむ教育

熊谷香織

はじめに

「古典を勉強する意味って、あるんですか？」

単語や文法の学習に行き詰まった生徒が、キレ気味に、このような質問をぶつけてくることがある。こちらは古典に魅せられて教師という職業に就いているので、思い入れがありすぎて、明快に即答することが難しい。ちょっと考えた後に、単語や文法の学習は確かに辛いけれど、文章を読み進める上で欠かせないものであり、スポーツにおける筋トレと似たようなものである。基礎体力が備わり、ルールがわかるようになれば、ゲームを楽しむことができる。古典でも、二つの力が備われば、文章が読み解けるようになり、ぱっと世界が広がる。第一、千年も前の人が書いた文章を味わえるなんて、すばらしいこと。だから一緒に頑張ろう……という具合に、生徒を丸め込むようなことばかり言っている。この答えが説得力を持って、生徒の心に響いているのかどうかは不明である。しかし、苦手意識を持つ生徒たちに、古典文学を学ぶことを楽しいと感じてもらえるような授業をすることは、自分にとっての最重要課題である。昨年度、試行錯誤しながら行った授業実践の報告を交えながら、「古典文学に親しむ教育」について、考えていきたい。

一　最近の生徒の傾向

最近の生徒には、次のような傾向が見られる。

1　日本史が必修でないこともあり、自国に関する知識の蓄積がない。
2　与えられることに慣れており、自主的に考えたり、想像したり、発言したりすることが苦手である。
3　書く力がない。
4　各教科の学習により得た知識がばらばらであり、自分の中で統合できていない。
5　授業中は、品詞分解をして、現代語訳をするという作業に終始し、その先にある作品の面白さにまで踏み込んで考えるだけの余裕がない。
6　単語や文法の学習に意義を見出せない。

7　虚構の世界にのめり込む姿があまり見られない。

学ぶこと全般に対する意欲が弱い面は、残念ながら、どの教科においても共通しているようである。しかし生徒の中に眠っている好奇心のスイッチをうまく押し、わかったという実感を与えることができれば、彼らの目は輝くのである。まずは、上記のような傾向を踏まえ、足りない部分は補い、彼らの持っている知識と結び付けながら、古人に共感するという経験を増やしていくことを、念頭に置くべきだろう。

二　二〇〇九年度　高校二年生における授業の実践報告

二〇〇九年度は、高校二年生の必修の「古典」（三単位）と、文系生徒選択の「古典講読」（二単位）を持つことになった。「古典」では、例年、扱う教材は固定化されている。一方で、「古典講読」では、「古典」で扱わない作品の中から教材を決めること、漢文の句法を一通りマスターさせること、三学期にセンター試験対策の演習問題を行うことが決まっている。それ以外は、担当者の裁量に任されているので、実験的にいろいろなことを行ってみようと考えた。まずは両方の教科の流れを計算しながら、教材を選定し、配列を考えることから始めた。それが以下の授業計画である。

年間学習計画（○は古文、●は漢文教材）

	古典（必修、三単位）	古典講読（文系生徒選択、二単位）
1学期	○「家居のつきづきしく」「これも仁和寺の法師」（『徒然草』） ●故事・寓話「漱石枕流」「杞憂」 ○古典文法（敬語） ○「中納言参りたまひて」（『枕草子』） ●思想【孟子】「四端」【荀子】「性悪」	○「歌詠みて罪を許さるること」（『宇治拾遺物語』） ○「大火とつじ風」（『方丈記』） ●故事・寓話「画竜点睛」「梁上君子」 ●漢詩「桃夭」「七歩詩」「登高」「望廬山瀑布」「桂林荘雑詠示諸生」 ●漢文句法（基本文型、否定）
宿題	・敬語・識別のテキスト ・『源氏物語』レポート	・漢詩の翻案作品の創作 ・句法テキスト
2学期	○「花山院の出家」（『大鏡』） ●「鴻門の会」、「四面楚歌」（『史記』） ○「あこがれ」（『更級日記』）	○「先帝入水」（『平家物語』） ●「長恨歌」 ●漢文句法（疑問、反語、詠嘆、願望、受身、使役）
宿題	・『源氏物語』レポート ・古文単語の学習	・句法テキスト
3学期	○「光源氏の誕生」（『源氏物語』桐壺巻） 「若紫との出会い」（『源氏物語』若紫巻） ●文章「桃花源記」	○『俳諧』～芭蕉、蕪村、一茶～ ○演習問題4題（センター試験対策） ●漢文句法（仮定、限定、累加、比較、比況、選択形、抑揚、修辞法）

＊使用教科書：『高等学校　古典』（桐原書店）、一部『精選　古典』（大修館書店）

三　『源氏物語』の学習にむけて

高二の「古典」における最大の難関は、敬語の習得と、『源氏物語』を読むことであろう。『源氏物語』の文章は、生徒が苦手とする敬語がてんこ盛りであり、しかも主語が取りにくい。それだけでなく、物語の歴史的背景、宮中でのしきたり、恋愛や結婚にまつわる当時の風習等、多くのことを一気に学ばなければならない。しかし、まずは『源氏物語』のストーリーや登場人物に興味を持ってもらえれば、古典文学に対する親しみにつなげることができるのではないかと考えた。そこで、三学期に学習予定の『源氏物語』に照準を当て、一学期から生徒に働きかけを開始することにした。詳細は以下の通りである。

〈その一　レポート作成に関する学習活動の流れ〉

> 題目…『源氏物語』の女君（男君）について
> 内容…『源氏物語』の登場人物を一人取り上げ、調べた上で、その人物に関する自分の考えをまとめる。

【一学期】

・各クラスに『あさきゆめみし』を学級文庫として設置。

・『源氏物語』レポート製作ノートを配布。資料の調べ方、参考資料の紹介、レポートの書き方に関するガイダンスを行う。なおメディアセンターには『源氏物語』関連本を集めたコーナーを設置する。（メディアセンター司書と連携）

【夏休み】

・生徒は上記のレポートで取り上げる人物を一人選び、資料を集め、調査の途中経過を製作ノートにまとめて、提出。

【冬休み】

・生徒はレポートの仕上げを行う。またこれまでの学習経過を振り返り、製作ノートに反省をまとめる。これも完成したレポートと共に提出させる。

【三学期】

・レポートに成績・講評をつけて返却。優秀作品のメディアセンターへの展示。

例年、授業で扱うのは、桐壺巻の冒頭、若紫巻の垣間見の場面だけである。長期にわたって、課題のレポートに取り組ませることによって、授業では取り上げきれない内容を知ってもらえると考えた。

また、本格的なレポートの製作の経験がない生徒がほとんどであったので、事前に、資料集めの方法から、正しいレポートの書き方に至るまで、かなりの説明を要した。

提出されたレポートを見ると、比較検討することもせずに、一冊の本、もしくはネット上の情報を丸写しにし、自分自身の考えが書けていないものが多かった。正直なところ、時間をかけたわりには、独創性が高いレポートはあまり見られなかった。が、生徒の反省には、「レポートの書き方を知ることができてよかった」、「自分の考えを持つことの難しさを知った」、「作中の女君に共感できた」、「『源氏物語』全体を読むきっかけとなり、よかった」、という声があった。生徒は非常に苦労したようだが、この課題を出した意図は十分、汲み取ってくれたようである。しかし、「書く力」の不足、問題意識やオリジナリティの欠如が、浮き彫りになった。大学に入学する前に、各教科でこのような機会をたくさん設け、経験を積ませておく必要性を強く感じた。

〈その二　教材の配列〉

必修の「古典」においては、日々、実施すべき教材をこなすことに追われてしまうのだが、『源氏物語』への流れを作るために、二学期の最後に『更級日記』を配置し、菅原孝標女が恋焦がれた『源氏物語』とは、一体、どのような作品なのかというように、生徒の期待感を高めておくようにした。また孝標女が憧れた夕顔や浮舟についても、資料を使った説明を行い、三学期に満を持して学習する

『源氏物語』への橋渡しをしておいた。

〈その三　「古典講読」における「長恨歌」の授業実践〉

教科書の中で「長恨歌」は、ひととおり古文漢文を学び終えた高三で扱うように、配置されている。しかし、長さに圧倒されはするものの、実は難しい句法が入っていないことに気がついた。これまで漢文の学習経験をたくさん積んできた我が校の生徒なら、高二の段階で読めるだろうと判断した。そして、この長さに挑むことによって、漢文への苦手意識を払拭し、自信を深めてほしくもあった。また、日本文学に与えた影響の大きさを考慮しても、やはり文系の生徒には読ませたい作品である。このような強い思いから、二学期に「長恨歌」を配置し、『源氏物語』につながる流れをさらに強化することにした。事前に、生徒の試験への心配が予想できたので、それを取り除き、短時間で楽しく勉強できるように、以下のような方法で授業を進めた。

○授業の方法

①原文、書き下し文、現代語訳（句法や重要語が絡む箇所のみ、空欄にする）及び、段落ごとに読解のポイントを考えさせるような問いを記したプリントを作成し、冊子にしたものを配る。授業は全て、この冊子に従って行う。

→表紙に学習項目一覧表を付け、生徒がこれから学ぶ内容を明確にしておく。

②予習が終わった項目、授業で終了した項目ごとにチェックし、検印を押す。
　↓印を多く獲得した生徒の意欲は平常点に反映させる。
③試験では、この冊子に記してあるポイントに絞った問題を出題するということを先に生徒に伝えておく。
④授業では、段落ごとに毎時間、必ず音読をし、正確に訓読できるようにする。その後、比喩や対句に注意を向けながら、一句ずつの内容を把握させ、最後に冊子に記した問いを使い、ポイントを確認していく。また史実を適宜、解説し、生徒が世界史で習った知識との関連付けを図った。

○「長恨歌」学習後の感想から

最近の若者は他人と距離を置くことを好み、自分のペースが狂う恋愛を嫌悪するという傾向があるらしい。濃厚すぎる玄宗と楊貴妃の恋愛を、生徒はどのように受け止めたのか、紹介したい。

面白かった点として、「音読したときのリズムのよさ」、「構成の巧みさ」、「表現の美しさ」が挙がった。段落ごとにメリハリがある内容になっており、楊貴妃の生前の幸せな生活と、楊貴妃が亡くなった後の玄宗の寂しい生活が対照的に描かれていたこと、その後、方士が楊貴妃の魂を探し出すという意表をついた展開が好評であった。表現の面では、「楊貴妃の美しさや、玄宗の言いようもない悲しみが、美しい語句や比喩により、婉曲的に表現されている。直接的な表現よりも想像力がかきたてられた。」との感想があり、「凝脂」「蛾」など日本では美の表現としては考えられない語が使われている点が新鮮だったようだ。

思うに、「恋愛」と「喪失」は、自分自身に引き寄せて考えやすい問題であり、生徒は親しみ、憧れ、批判、恐怖といった様々な感情を持って捉えることができたようである。

○「長恨歌」と日本の古典

「長恨歌」が予想以上に盛り上がったので、当初の予定にはなかったが、「長恨歌」の影響を受けた日本の三作品を紹介することにした。それぞれの作品に対する生徒の感想を紹介する。

☆「木の花は」（『枕草子』）

・あまりよいイメージがないとされる梨の花であるが、清少納言のような、才気ある女性の考え方までも変えてしまう「長恨歌」の影響力はすごい。

☆「七月七日」（『更級日記』）

・「長恨歌」が不吉なものだと思われていたのは意外。そこに日本人らしさを感じた。

・あれほど『源氏物語』にのめり込んだ作者だけに、「長恨歌」を読みたくてしかたがない気持ちはよく分かる。読みたいがために作った歌もまた素晴らしい。

☆「翼をならべ、枝をかはさむ」（『源氏物語』桐壺巻）

・「長恨歌」に用いられている表現や、玄宗と楊貴妃の悲恋がこんなにも浸透していることに驚いた。

・更衣を失ったことの悲しさを玄宗に重ね、さらに実際に「長恨歌」で使われている表現から更衣の死を改めてとらえ直し、悲しみの深さが表現されているのがよい。

・「長恨歌」では楊貴妃の魂を探し出せたけれど、現実では、そんなことはできないので、一層悲しみが強く表現されていると思う。

時間の都合もあり、簡単に一読するだけで終わってしまったが、それぞれの作品の中で、「長恨歌」がどのように受け止められ、生かされているのか、こちらが思った以上に、生徒は深く読み取ってくれたようである。ちょうど、『枕草子』、『更級日記』は生徒が親しんだ作品であるし、桐壺更衣の死に打ちひしがれる帝の件は、『源氏物語』の授業が本格的に始まる前の、ちょっとした導入となり、よかったと思う。

四　「古典講読」における「俳諧」の授業実践

高校一年で『おくの細道』を取り上げて以来、近世の作品を教材としていなかったので、短い時間ではあるが、三学期に「俳諧」を取り上げることにした。そこで、芭蕉・蕪村・一茶の特徴がつかみやすく、それぞれの人生が投影されているものを三句ずつ選び、教材とした。

〈松尾芭蕉〉

A　堅田にて

病雁の夜寒に落ちて旅寝かな

B　所思

この道や行く人なしに秋の暮れ

C　病中吟

旅に病んで夢は枯れ野をかけめぐる

芭蕉はたくさんの弟子を持ち、思うままに旅に出ては、すばらしい俳諧を詠んだというイメージが強い。しかし、A〜Cの句からは、蕉門という一大勢力を築きながらも、弟子達に離反され、共に歩む者がいないという、芭蕉晩年の孤独な姿が浮かび上がってくる。

Bには「人声やこの道帰る秋の暮」という別案があり、比較をした。別案には「人」とつながりたいという思いがかすかに感じられるが、「この道や」からは、そんな思いが排除されているという意見が挙がった。

また、Cに関しても「旅に病んで枯れ野を廻る夢心」という別案との比較を行った。「かけめぐる」という動詞で結ぶ方が、躍動感が感じられ、死に瀕しながらも、旅と俳諧に執着し続けた芭蕉の思いが、より強く表現されている。孤独や、寂寥を感じてもなお、最後まで一つの道に打ち込んだ姿に、生徒も圧倒されたようだった。

〈与謝蕪村〉

D　五月雨や大河を前に家二軒

E　びいどろの魚おどろきぬ今朝の秋

F　初春

　　しら梅に明くる夜ばかりとなりにけり

　Dは、かなりせっぱつまった状況を、引いたところから冷静に観察し、一枚の絵に描いたような句である。「家一軒」、「家数軒」という表現との比較を行うと、「家二軒」という数詞使いの絶妙さが理解できる。また、芭蕉にも有名な「五月雨をあつめて早し最上川」という句があるので、比較した。芭蕉は、五月雨によって水かさを増した最上川が躍動するかのように表現しているのに対し、蕪村は非常に客観的に表現していることがわかる。同じような出来事を句にしているのだが、両者の捉え方の違いがおもしろい。他にも数詞の使い方がうまい句として、「朝顔や一輪深き淵の色」を、絵画的な句として、「菜の花や月は東に日は西に」を紹介した。「菜の花や」は更にさかのぼって、柿本人麻呂の「東の野にかぎろひの立つ見えてかへり見すれば月かたぶきぬ」と共に鑑賞させた。Dの句は、生徒が一読して理解しやすいのだが、他の句を紹介することによって、句同士が響き合い、蕪村の俳諧の特徴をより明確に伝えられたように思う。

秋の到来を詠んだ藤原敏行の和歌を踏まえ、自分なりに捉え直したEは「びいどろ」を素材にしているところがモダンである。また音の使い方がおもしろい。「びいどろのいをおどろきぬ」はi列音、o列音で構成され、耳に心地よく、「けさのあき」には、秋の高く澄んだ空気を連想させるカ行音が使われている。音による効果については、日ごろ、あまり考えることがなかったせいか、生徒は非常に驚き、おもしろがっていた。この句は音楽に親しんでいる吹奏楽部の生徒たちから特に支持された。

辞世の句であるFには、蕪村が愛した白梅が詠み込まれている。表記を「しら梅」と、ひらがなにしたことによる効果、臨終の十二月二十五日に詠んだこの歌の詞書を、あえて「初春」と置いた理由を考えさせた。また死を前にした芭蕉のCとも比較をしてみても、蕪村からは明るく人生を締めくくろうという強い思いが感じられる。


〈小林一茶〉

G　から風の吹けば飛ぶ屑家は屑家のあるべきやうに、門松立てず、煤はかず、雪の山路の曲がり形りに、今年の春もあなた任せになむ迎へける。
目出度さも中位なりおらが春

H　露の世は露の世ながらさりながら

I　十二月二十四日　故郷に入る

　　これがまあつひの栖か雪五尺

Gは『おらが春』の巻頭の句である。詞書からは一茶が浄土真宗を信仰していたことがわかり、信濃の方言「中位」という語を用いている点が目新しい。

Hは、一歳のわが子を失ったときの句であり、「露の世」「ながら」の繰り返しが特徴的である。この世のはかなさを十分理解していても、娘の死は到底、割り切れないものであり、その間で葛藤する一茶の苦しみが、この繰り返しによって表現されている。

Iは長年の遺産相続にまつわる争いが決着し、やっと故郷に戻った時の句である。「これがまあ」という俗語使いが特徴的で、故郷に対する複雑な心理が、この言葉に凝縮されている。弱者を温かい視線で捉えた人間味あふれる多くの句の裏には、実はこのような一茶の人生があったことが、G～Iによって理解できたのではないだろうか。

五　古典文学に親しむ教育とは

二〇〇九年度は『源氏物語』を常に視野に入れ、さまざまな試みを交えながら、年間の授業を行った。三学期から本格的に『源氏物語』の学習に入ったのだが、こちらの狙い通り、文章の理解が非常にスムーズであり、例年よりも抵抗感なく、物語の世界に入ることができたように思う。最後に、年間の授業実践の中で、特に生徒が熱心に取り組んだ二教材について、改めて振り返り、古典に親しむ教育について考えてみたい。

まず、「長恨歌」である。安禄山の乱の原因は、実は玄宗と楊貴妃の、はた迷惑な恋愛であった。その史実が、白居易の手にかかると、読んだ人の心を惹きつけずにはいられない美しい長篇詩に変貌を遂げる。そこにおもしろさを感じた生徒が多かった。巧みな比喩が、楊貴妃の美しさを繰り返し強調することとなり、失政を招いた玄宗の寵愛ぶりまでも、必然のように思えてくる。そして、人生経験の少ない生徒の心にも、大切な人を失った悲痛な思いは沁みわたっていったようで、読み進むにつれ、楊貴妃を死に追いやった玄宗への批判的な思いが、次第に共感へと変化していった。あっさりした史実も、数々の美しい言葉によって彩られると、甘く切ない作品になる。それが、やがて国境を越え、時を越え、多くの古人たちに影響を与え、さらには、今を生きる私たちの心をも動かすという素晴らしさ。「長恨歌」の実践の成功は、生徒がこの作品の持つ広がりを体感できたことにあると考える。

一方、「俳諧」の授業においては、句意を確認して終わりという、従来の単発的な学習ではなく、別案・教材の句同士の比較という活動を多く盛り込んでみた。それによって、その言葉が選ばれた必然性、作者それぞれの着眼点・創作への姿勢の違いが明確になった。おそらく、生徒はたったの十七字で形成される世界の広さに、改めて驚いたことだろう。また、それぞれの人生が分かる句を、意図的に選んだのだが、偉大な作者達の孤独や苦悩を知り、親近感を持って受け入れてくれたようだ。ともあれ、「俳諧」は日頃、意識することなく使っている言葉や音の働きを、深く考えさせる絶好の教材であるといえる。最近、川柳や謎かけが人気となっているが、このブームの裏には、言葉が持つおもしろさへの再発見があると思う。古くからあるものでも、うまく扱えば、新鮮なものとして受け入れられる。複雑で曖昧な日本語だからこそ、逆に多様な表現が可能であり、そういった言葉の機能に気づかせることによって、古典文学が新たなおもしろさを伴い、生徒の心に響いていくのではないだろうか。

古典の授業は、品詞分解と口語訳に終始するだけでは、作品の持つ魅力を伝えたことにはならない。我々教師の役割は、古人と生徒との媒介役となり、生徒の心理的距離感を取り払い、美しい言葉によって表現されている普遍的な古人の教えや、現代人にも共感できる繊細な心情の機微をかみ砕いて伝えることにある。共に古典文学を読み進める中で、古人に共感したり、自己を顧みたり、新しい視野を獲得したりするような経験を多く積ませたい。そのためには、まず生徒が自分自身で、文章を読み、味わえる力を育成しなければならない。そして、最終的には自らいろいろな作品を手に取り、古典文学を生涯の友としてくれれば本望である。そのような理想に近づくために、新しい教材となる作品を開拓し、生徒と古人とをつなげる方法を探りながら、これからも楽しい授業を作っていきたい。

古典文学を通して、命の在り方を教えるということ

山谷和子

はじめに

明治学院高等学校は東京都港区白金台にある普通科全日制の私立学校である。中学は併設されていないので（明治学院大学の系列校の中学は東村山市にある）、白金高校の一学年約三百人は全員新たに入学してくるわけだが、潜在的な他大進学への意欲がある一方、系列校特有の伸び伸びとした校風を求めて入ってくる者が多く、実際入学後の生徒達のほとんどが、明るく屈託のない、自由を謳歌した学校生活を送ることになる。そんな校風の伸びやかさの中で、我々教師もかなり自由に授業展開することが認められており、創意工夫を自由に盛り込むことが出来るが、そのことは同時に、それを素直に受け入れていく生徒達に対して、大きな責任を伴うものであることを意味する。

私はこの学校に一九九二年四月に就き、現在二十一年目を過ごしている。日々、担任クラスや部活動の業務に追われ、様々な校務やＰＴＡ活動に翻弄され、気がつけば一番大切な授業準備の時間を死

守するのがやっとという現実がある。しかし、優れた教材は、いつでも私を原点に引き戻してきた。少しの慣れや準備不足も許さないほど、先人の語り継いできた文学は教える側に新たな切り口を提示してくる。例えばそれは、これまで何度も扱ってきた『平家物語』の「忠度の都落ち」であったり、文法的には一見平易に見える説話であったりした。

教場で得る感動は様々ある。指名した生徒が的確に口語訳ができたりとか、思いがけない切り口での解釈を試みる生徒がいて教室が湧いたりとか、生徒達の達成感をこちらの喜びとする場面は日常よくある。だが、それよりもっと稀に大きな感動を覚えるのは、教える側である自分も、教えられる側の生徒も、教材としている文章に共に深く共鳴していることを肌で感じる時である。

今回私は、自分の役目は文法や訳し方を教えることだけではないんだ、その先にある、もっと深淵なものを、この若い生徒達との学びの中で見いだすことなんだと思えた教材を振り返ることにした。高校授業の究極の到達点は様々あると思うが、私の場合、そこに登場する人物の生き方そのものを考えることにあるのではないかと、最近思うことが多い。この思いは、現代文にせよ（例えば宮澤賢治『なめとこ山の熊』）、漢文にせよ（例えば『史記』の「項王自刎」）、日本の古典文学（例えば『平家物語』の「忠度の都落ち」）にせよ、変らない。文学を通して、どれだけ生きることの意味に触れられるか分からないが、ここでは特に日本の古典に限定して、自分自身が教材を通して厳粛な気持ちになった作品を採り挙げ、命の尊さや、誇りある生の足跡を教えることについて考えてみたい。

一　説話を通して見つめる、人間の命の意味

本校では一、二年次は文系理系を問わず、クラスごとに全員必修の古典の授業があるが、三年になると文系の生徒のみ、自分の選択した作品を通年学ぶことになる。緩やかなグレード別になっている四つの作品は、『源氏物語』『枕草子・徒然草』『平家物語』『説話』であり、毎年八クラスに分かれる。このうち二〇〇七年度に担当した『説話』クラスで扱ったものをここでは採り挙げたい。

『説話』クラスは、古典学習の導入で使用されるような『今昔物語集』『宇治拾遺物語』『十訓抄』などを集めた教科書を使用し、三年生の中でも古典に対して苦手意識を持っている生徒が選択する。助動詞の認識は勿論のこと、用言の活用もマスターできていないので、一文ごとの訳も予想外に時間がかかる。しかし、教科書に採録されている説話は易しいだけで面白みに欠けるため、私はこの年、一学期のみ教科書を使用し、二学期は自分で毎回プリントを作成した。なお、『今昔物語集』の原文は漢字と片仮名で綴られているが、それだと生徒達が違和感を覚えて作品に入っていけないので、教科書にならい、片仮名部分は平仮名に改めた。二学期最初に用いたのは、以下の作品である。

今昔物語集巻第十九　鴨の雌《めどり》、雄《をどり》の死せる所に来たるを見て出家する人のこと第六

今は昔、京に一人の生侍ありけり。いづれの程と云ふ事を知らず。家極て貧しくて、世を過ぐすに便りなし。しかる間、その【妻】産して、専らに完食《ししくい》（肉食）を願ひけり。夫身貧しくして、完食を求め得難し。田舎の辺に尋ぬべき人も無し。市に買はむとすれば、その値無し。然れば心に思ひあつかひて、未だ明けざる程に、自ら弓に矢二筋ばかりを取り具して家を出ぬ。「池に行きて池に居たらむ鳥を射て、この妻に食はしめむ」と思ふ故なり。「何方に行くべきにかあらむ」と思ひ廻らすに、「美々度呂池こそ人離れたる所なれ。そこに行きて伺はむ」と思ひ得て、行きにける。池の辺に寄りて、草に隠れて伺ひ居たるに、鴨の雌雄（めどり・をどり）、人有りとも知らずして近く寄り来たり。男これを射るに、雄を射つ。極めて嬉しく思ひて、池に下りて鳥を取りて、急ぎて家に帰るに、日暮れぬれば夜に入りて来たれり。妻にこの由を告げて、喜びながら、「つとめてに調美して妻に食はしめむ」と思ひて、棹の有るに打ち懸けて置きて臥しぬ。夫夜半ばかりに聞けば、この棹に懸けたる鳥ふたふたとふためく。然れば、「この鳥の生き返りたるか」と思ひて、起ちて火を灯して行きて見れば、死にたる鴨の雄は死にながら棹に懸かりてあり。傍らに生きたる鴨の雌あり。雄に近づきてふためくなりけり。「早う、昼池に並びて食みつる雌の、雄の射殺しぬるを見て、夫をひて、取りて来たる尻に付きて、ここに来にけるなりけり」と思ふ

に、男たちまちに道心発りて、哀れに悲しきこと限りなし。しかるに、人火を灯して来たれるを恐れずして、命を惜しまずして夫と並び居たり。これを見て男の思はく、「畜生なりと云へども、夫を悲しぶが故に、命を惜しまずしてかく来たれり。我人の身を受けて、妻を悲しむで鳥を殺すと云へども、たちまちかく完《しし》を食はしめ、［　　］」［　　］事を慈しびて、寝たる妻を起こして、この事を語りて、これを見しむ。妻またこれを見て、悲しぶこと限りなし。遂に夜明けて後も、この鳥の完を食ふこと無かりけり。夫は尚このことを思ふに、道心深く発りにければ、愛宕護の山に貴き山寺に行くに、たちまち髻を切りて、法師となりにけり。そののち、ひとへに聖人となりて、ねむごろに勤め行ひてなむありける。

　これを思ふに、殺生の罪重しと云へども、殺生に依りて道心を発して出家す。然れば、皆縁有ることとなりけり、となむ語り伝へたるとや。

古典では往々にして原文に欠損部分があることがある説明は、彼らにとっては不可思議であったかもしれない。今読むと文章自体としては決して平易ではない気もし、古文の苦手な生徒にとってみたら、とっつきにくい文章であったことは否めない（初読段階では大多数が全く話の内容を把握できていなかった）。ただ、この文章に限らず、授業の始めは必ず全員で声を合わせて音読することから始めるのだが、特にこの文体のトーンの妙味は、是非味わってほしいところであった。

この説話を簡単に紹介すると、今は昔、京に一人の身分の低い侍がいた。家は貧しく生計の道が立たないほどであったが、やがて妻が出産し、産後のひだちが悪い中で、妻はしきりに肉食を願う。夫は思い悩み、夜明け前に弓と矢二本を携え、深泥池に向かう。池に近づき鴨のつがいを発見した男は、すぐに弓を向け、その矢は雄鳥を射抜いた。男は喜び、それを手に家路を急ぐ。夜になって家につき、妻に事の次第を告げ、〈翌朝になったら調理して食べさせよう〉と思い、衣桁に釣り下げて寝た。すると真夜中にこの衣桁に縛って吊るしたはずの鴨のバタバタと羽ばたく音がする。さては生き返ったのかと思い、起きて恐る恐る灯をともして行ってみると、なんと鴨の雄は死んだままの状態で衣桁にかかり、そのそばを雌の鴨が、死んで釣り下げられた雄の鴨の周りをバタバタバタバタ飛び回っているではないか。〈なんと、夫を慕って、私の後を追ってここまで来たのか〉と思うと、男は言いようもない悲しい思いに打たれた。〈私は妻の命をいとおしむがゆえに鳥を殺したとはいえ、このようにつがいの雄を殺して、雌鳥の悲しみの前で雄鳥を妻に食べさせるとはなんと無情なことだ〉と思い、寝ている妻を起こしてこのことを話し、この光景を見させると、妻もまた悲しむことこの上ない。そこで夜が明けても、この鳥の肉を食べることはなかった。夫はこのことを思うにつけ道心を深くし出家した、というものである。

特に難しい古語単語や文法事項はなく、助動詞の確認を丁寧にしながら文を訳していく作業を続けていくわけだが、最終的な目標は結びの一文「殺生の罪重しと云へども、殺生に依りて道心を発して出家す。然れば、皆縁有ることとなりけり」の意味を考えさせることにあった。そこで、文を一通り訳し終わった後に、全員に感想を書かせた。そこにあったもので、多くの意見を代表できる感想の一部を紹介したい。

・読んでいて、なぜか泣きそうになってしまった。健気に好きな人を思う気持ちは人間だろうが何だろうが変らないのだと感じました。殺生は悪い、という教えもあるだろうけれど、それが自然界の摂理なんだと思う。人間だって亡くなって土に埋められれば、その肉、骨を土の中の微生物が食べる。それでグルグル回っているのだ。確かに難しい問題ではあると思うけど、とても興味深い物語でした。（女子）

・妻を助けるために鳥を殺したことは一見しょうがないことにも思える。しかし、鳥側の立場になってみると、そういうわけにはいかない。何も悪いことをしていないのに、殺されるというのは理不尽だ。しかし、夫はその後道心を発して出家して心を改めている。このことから夫にも悪いということはできないと思う。（男子）

・雄鳥と雌鳥の深い愛（?）に心を打たれた人間の様子が後半読み取れたと思います。人間が鳥に影響を受けているのが、とてもおもしろい発想だと思いました。（女子）

あまりにも悲しい話で、生徒も、これを切ない話であると受け止めることは十分できていたようだったが、「男の行動は仕方のないものだったのではないか、しかし愛する者を思う気持ちは人間も動物も同じ。では罪はどこにあるのか」といった問題が、もやもやと残った感じだった。強烈な印象を残す話ではあったものの、読後感はすっきりしない。そこで、「殺生」の罪そのものをどうとらえたらよいのかは、更に継続して考えていこうということで、次の『今昔物語集』から以下の説話を引っ張ってきて、プリントにして配布した。

今昔物語集巻第二十　河内国の人、馬を殺して、現報を得ること第二十九

今は昔、河内の国、□郡に住む人有りけり。名をば石別《いはわけ》と云ひけり。瓜を造りて、此れを売りて世を過しけり。然れば、馬に瓜を負せて売らむが為に行かむとして、瓜を負するに、馬の負ふべき力に過ぎて、此れを負はせたり。馬此れを負て行くに、堪へねば歩まずして立てり。石別此れを見て、大きに怒りて、馬を打ちて、敵重き荷を負はするに、馬二つの目より涙を流して、悲しぶ気色有りといへども、石別哀びの心無きが故に、追ひ打ちて行きて、瓜を売り果てぬれば、怒りの心やまずして、其の馬を殺しつ。此の如くして、馬を殺す事、既に度々になりぬ。其の後、石別我が家にして釜に湯を沸かすに、石別其の所に行きて、釜の辺に至るに、石別が二つ眼忽ち抜けて、釜に入りて煮ゆ。此れを嘆き悲しぶと云えども、更に力無し。「此れ偏に度々馬を殺せる咎に依りて現報を感ぜる」とぞ、皆人云ひ、謗りける。此れを思ふに、畜生なりと云へども、皆我が前の世の父母なり、殺生はもとども止むべし。現報得たる事此の如し。此れを以つて、後世の苦しびを思ひ遣るべし、となむ語り伝へたりとや。

文章としては前のものより、ずっと読みやすくなっていたので、授業のスピードは速まった感があった。また話も単純で、ただひたすら馬が哀れであることと石別の非道さはすぐに理解できるものであり、その分、末尾の「畜生なりと云へども、皆我が前の世の父母なり、殺生はもとども止むべし。現報得たる事此の如し」の箇所に時間をさき、仏教思想における「六道」と「輪廻」の話を重点的に行うように努めた。「畜生」が自分の前世における父母であるという発想は彼らにとっては興味深いものであり、前世・現世・来世の三世をめぐる生の話はやや難解ではあったものの、人間と動物の命は仏教界では連環しているという話に不可解な違和感を抱く生徒はいなかったように思う。ここで「現報」という言葉の意味〈現世の、この世で植えた善因悪因が、次の後世を待たず、たちまち現実のこの世で善果悪果となって結実するということ〉を板書し、ノートをとらせた上で、実はこの説話は元々、正式名称を『日本国現報善悪霊異記』と言う奈良時代の『日本霊異記』に採られており（上巻第二十一）、非常に古い説話なのだと、補足プリントで原文を簡単に紹介して説明した。そして、この「現報」を理解するのに分かり易い説話が、今読んできた『今昔』の説話の一つ前に載っていると言って、三つ目の説話に入った。

今昔物語集巻第二十　大和国人兎を捕らへて現報を感ずること第二十八

今は昔、大和国、□郡に住む人ありけり。心猛くして、永く哀れびの心なかりけり。只、好みて昼夜に生命を殺す事を業としけり。而る間、其の人野に出て、兎を捕て、生乍ら兎の皮を剥て、体をば野に放ちけり。其の後、此の人幾の程を経ずして毒の瘡身に遍して、膚乱れ爛れて、痛み悲む事限り無し。医師を呼て、薬を以て療治すと云へども、叶ふ事無くして、日来を経て、遂に死にけり。此を見聞く人、「此れ、他の事に非ず。彼の兎を殺せるに依て、現報を蒙るなり」とぞ云ひ謗りける。此れを思ふに、殺生は人の遊び戯れの態なれども、生類の命を惜む事は人には増るなり。然れば、我が命を惜むを以つて、彼れが心に准へて、永く殺生をば止むべし、となむ語り伝たりとや。

すでに前に読んだ説話との関連で、この話がいわんとしていることはすぐに了解できていたように思う。そこで、これも末尾の「殺生は人の遊び戯れの態なれども、生類の命を惜む事は人には増るなり。然れば、我が命を惜むを以つて、彼が心になづらへて、永く殺生をば止むべし」を解き明かすことに授業の重点を置いた。「殺生は人にとっては単なる遊びに過ぎないものであるが、生き物が命を惜しむことは人間以上である。それゆえ、自分の命が惜しいのは生き物も同じだと思い、絶対に殺生はやめるべきである」という内容は明快な主張で分かり易く、しかも示唆に富むものであった。また同時に、前の二つの説話も生き物の命が人間によって絶たれるが、そのことの罪の深さを指摘する文章でもあった。授業の中では更に解説を発展させ、昨今の子どもが平然とした顔で「なぜ人が人を殺してはいけないんですか」という問いをして大人を当惑させる問題や、他者の命を絶つことを軽々しく考えすぎる風潮に、この説話は鋭い一打をくらわせるものであることを説いた。特に、我々人間が、当たり前のように生命界の中で人間の優位性を信じ、動物の命を顧みない傾向を鋭く指摘されていることには、生徒からの共感が示されたように思う。いつも騒がしく落ち着きのない彼らも、この時はちょっと真剣な眼差しになって、普段と異なる厳粛な雰囲気が教室の中に漂ったような気がした。

以上三つの説話を終えたところで二学期の中間試験があり、最後、期末までは芥川龍之介が『鼻』や『藪の中』で下敷きにした説話を原典で読み、説話授業の仕上げとした。期末直前の授業で、一年間のまとめとして「私と古典」という題で書かせた彼らの感想を今読むと、騒がしくて落ち着きのないクラスではあったが彼らなりに、一人一人古典世界をよく楽しんだことが伝わってきて、しみじみとした喜びに満たされる。一つのジャンルを一貫してやっていく中で、飽きが生じないか心配で、やや盛り込みすぎた感もあるが、毎回試行錯誤で教材に挑戦してきたことが報われた思いだった。この章のまとめとして、一人の女子生徒の残した感想を載せてみたい。

・古典の内容には「仏教的思想」がとても多く、実際に現実的に感じることができにくいです。しかし、このようにたくさんの話が今に伝えられているということは、「人間が生きている上で大切なこと」なんだと思います。今まで古典という授業を通して学んだことはたくさんありますが、最も重要なことは、古典の話の中に込められている様々な考えに触れることだと思います。今の満たされた（物質的に）世の中に欠落している思想を補うために、この授業があるのでしょうか……。やまにゃん、ありがとうございました。

二　『平家物語』「忠度の都落ち」を通して考える、誇りある生の証

二〇〇九年度に三年生の選択古典で担当したのは、『平家物語』のクラスである。彼らは一年次の秋に「木曾の最期」を全クラス学んでいるので、そのイメージで選ぶ生徒が多い。レベルとしては、説話を選ぶほどではないが、古典はあまり得意ではなく、ただ話には興味が持てそうだから……という層が集まる。しかし、合戦物をイメージして集まった生徒が当惑するほど、始めは地味に「殿上の闇討ち」から入り、「鹿ヶ谷の陰謀」に続き、清盛が頂点に上り詰めるまでを中間試験までに扱った。そのあと期末まで「競」を読み、源三位頼政の関連で、二学期は「橋合戦」から入る。その後、平家没落に向かって、「忠度の都落ち」「先帝身投」を読み、二学期の期末試験を迎えるという流れで授業

展開した。ここではその中でも、「忠度の都落ち」の授業の様子を採り挙げたい。勢いのあるリズミカルな文章の「橋合戦」から、打って変わってしっとりとした語り口で始まる「薩摩守忠度はいづくより帰られたりけん」である。文体の落ち着きを味わいながら、まずは一文一文、文法事項を確かめつつ訳をほどこしていく作業を行った。肝心なのは通読し終えたあとで、藤原俊成が選んだ忠度の歌の解釈と、なぜこの歌を俊成が選んだのか、その心を全員で考えることである（有名な文章につき、ここでは原典全文の掲載は割愛する）。

授業では、全員に課題プリントを配り、自分自身で忠度の歌「さざなみや志賀の都は荒れにしを昔ながらの山桜かな」に訳をつけることと、多くの歌の中から、なぜ俊成はこの歌を選んだのか、理由を自由に書かせ、回収した。忠度が「生涯の面目に一首なりとも」と師に託していった巻き物の中から、なぜこの一首を選んだのだろうかという問いは、生徒達にとっては難解な課題であった。時間内に書ききれなかった生徒もいれば、何とか四苦八苦して書いた生徒もいた。それらを回収し、こちらで良いものを切り貼りし、プリントにまとめる。そして次の授業でそれを配布し、良い解釈を一つずつ紹介した最後に、改めて山谷の解釈をつづったプリントを配り、この私自身はどう読んだのかを語った。こうして生徒の書いたものと山谷の書いたものを二つまとめて読み上げていく作業の中で、彼らの中にこの歌がすーっと入っていく様子が空気として感じられた。本来は教師の解釈を紙に書いて配るべきではないのかもしれないが、これまでも何度かこの章段を取り扱ってきた中で、これほど授業中しんみりとした感じになったことはなかった。嬉しかったのは、前回難しすぎて挫折し提出できなかった女子が、この授業のあと、「みんなの解釈見て、すごい納得した！　切ない……。もう一回出していいですか？」と申し出て、改めて感想を書いて提出してきたことである。その時の「この和歌分かったよ！　先生」という言葉が忘れられない。

私としては、彼らが「忠度の都落ち」を通して、忠度の高貴な人格や、彼の和歌の格調の高さや気品に触れ、またそれを「よみびと知らず」として勅撰集に入れた俊成の思いをしっかり理解していた様子が何より嬉しい。「和歌はすばらしい」、そういう感想を沢山聞けたことに、私は厳粛な感動を覚えた。自分が生きた証を和歌に託した人物と、その人の言外の思いを深く汲み取った人物の交流の物語は、生徒達の心を豊かに潤しただろう。

本稿のおわりに山谷の解釈をつづった手書きプリントと、彼等が自力で取り組んだ課題プリントの中から優れたものを切り貼りしたプリントを掲載したい（彼等が手書きなので、自分も授業プリントはなるべく手書きにしている。生徒のものは鉛筆なので、濃さが一定でなく、見づらいこと、お許し願いたい）。

この『平家』の最後の授業で、「文学を学ぶ意味」というプリントを配り、これを私の年間の授業感想とし、彼らにもまとめの感想を書かせた。以下に、そのうちの数人分を紹介したい。あえて、古典が苦手だった生徒のものを選んである。

山谷が、彼等にあてた〈文学を学ぶ意味〉より

早いもので、あさってで高校三年間の古典の時間も終了します。三年生になってからは、実質九ヶ月という短さでしたが、『平家物語』という作品を集中的に読んでみて、今どんな感想を持っていますか。皆が古典と出逢ったのは中学の時でしょうか。それとも高校に入ってからかな。文法が苦手でなかなか「好き」にはならなかった人もいるかもしれませんが、『伊勢物語』『枕草子』『源氏物語』『徒然草』でも、何か少しでも古典に触れて、(おもしろいナ)と感じる経験があったら嬉しいです。古典を学ぶことの意味は、文法の勉強そのものにあるわけではなく、あくまでも文学を味わうことだから……。自力で読めるようになるために、まずは正確に文意をつかむ上で欠かせない文法を修得し、その上で本当の味わいが可能となり…。そんな最終目的が少しでも達せられたら、私は幸せです。古典は人類の宝であり、文学は個人の心の泉です(大げさだけど、そう思うの)。悲しいことがあった時は、物語に没頭することで、つらさを忘れることが出来ます。心が寂しい時は、一編の詩が優しくなぐさめてくれます。これからも時間をみつけて、たくさんの素敵な文学と出逢ってね。私はみんなと「忠度の都落ち」を読む時間を持つことができて、本当によかった。みんなこれからも幸せな人生を送ってね。さようなら。

『平家物語』の講座を通して、私が見たもの・触れたもの より

＊高校に入学して、まず初めに苦手意識をもった教科が古典でした。中学のときの古典は、なんとなく内容がつかめていればそれなりの点数がとれたのに、高校では品詞分解や文法を、基礎からちゃんと定着させていなければいけなかったからです。そこに気付いたのが高校二年生の中間ぐらいだったので、すでに手遅れと思っていました。それでも、文章を読むこと自体は好きだったし、物語が壮大で、読んだときに一番ワクワクさせられたということで、選択で『平家』をとりました。今でも基礎的な文法などが苦手なのは変わっていませんが、『平家物語』には男のロマン、様々な人間の心情などが色濃く表れていて、当時の人間ドラマを見ているようで、とても面白かったです。とくに「忠度の都落ち」の話が、自分の中では一番印象に残っています。平家が没落していく中で、自分が大切にしてきた歌を後世に残したい、という強い気持ちに、私は心をひきつけられました。この気持ちが点数に結びつかないのは悔しいですが、せめて最後くらいはまともな点数をとりたいです。二年間お世話になりました。ありがとうございました。(男子)

＊古典は中学で出会って学んできたが、高校に入って文法を学んで、すごい難しいなと感じた。現代の言葉と同じものがあっても意味が違ったり、尊敬とかが入っていて訳しにくかったり。平家を学んでいて一番印象に残っているものは「忠度の都落ち」です。他にも「競」や「橋合戦」なども

覚えています。「忠度の都落ち」は特に忠度の和歌が印象的でした。古典で感慨深いのは初めてでした。平家物語の中で、それぞれ出てきた主人公たちは様々で面白かったです。面白いだけでなく、「先帝身投」では平家の最期が詳しく描写されていて、登場人物の気持ちなど、読んでいると、とても辛かったりしました。テストはあんまりでしたが、楽しかったです。（女子）

＊

初めて『平家物語』を読んだのは中学校の時で、題名は忘れたが、印象に残っていることは、平家の人たちの生き方には男気があふれていると感じたことだ。それが国理選択で平家を選んだ理由でもある。途中で、勉強しても授業でのポイントがわかってなくて、点数が取れなくて嫌いになったりもしたけど、「橋合戦」とか「忠度の都落ち」を読んでいくうちに、あの時代を生き抜いた男達のカッコ良さや女達の力強さを感じることができて、また好きになれた。欧米とかにも色々な内戦や戦争があるが、源平の戦いには、日本独特のけじめのつけ方や男気が輝いていた。平家には一人一人違った個性があり、その個性が調和するときがあったり、対立するときがあって、そこに私はおもしろさを感じた。平家を九か月勉強できて、本当に良かった。（男子）

＊

私は古典が苦手なので、文章の内容を理解するのに結構時間がかかった。しかし、途中で出てくる和歌をよく考えて解釈すると、すごく深い意味があり、その状況や場面が頭に浮かび感動した。昔の人が歌にかける思いはすごく強いと思った。これからも日本の伝統である和歌や俳句などは大切にしなければならないと感じた。（男子）

忠度の都落ち　さざ波や の和歌をめぐって……

課題① 「さざ波や――」の歌を解釈してみよう。

・かつて都があった場所は今では廃れてしまっているが、
昔ながらの山桜が咲きほこっていて美しい。
自然は変わらない。

・さざ波の志賀の都は荒れ果ててしまったが、
山桜だけは以前と変わらずきれいに咲いている。

本質をよくつかんでいると思います！

・志賀や近江京は衰退してしまったが
山に咲いている桜は変わらない。
◎変わってしまうものもあるけれど、変わらない
ものもある。哀愁がただよううただと思う。

・志賀の都は荒れてしまったけど、

・都は荒れてしまったけれど、山桜だけは

昔からある山桜だけは、そんな中
変わっていない。

昔と変わらずきれいに咲いている

みんなのみずみずしい感性でつづられた文章に感動しました。特に②の課題の中に珠玉の読み取りがあったことに胸打たれています。
課題を出してくれた人たち、みんなそれぞれ自分の言葉で語ってくれてありがとう。各人の感想・解釈を分かちあうことで、より深く私達は作品を味わうことができました。

（プチ感想）から

・戦乱の世に輝く平家の人々や源氏の人々の男気を感じる。

この言葉いいですね！

私も男の色香を感じます!!

・忠度の人格が表れた良い物語である。

まさにそうですね！

忠度の和歌に対するおもいが強く伝わってくる。

・和歌ってすてき。

私も和歌ってすてきだなあ!!と思います。

課題②

俊成はなぜこの一首をえらんだのだろう。

この歌を選ぶことが　なぜよいと俊成は考えたのだろう。

・平家は負けてしまったが、こうして歌を残すことができる。それが、この歌と似かよっているから。

・近江京は滅んでしまった。平家も滅んでしまった。戦乱の世の中で弟子である歌人としての忠度が山桜のように咲いたことを誇りに思っているから。

すばらしい読みとりです！

・忠度はこの歌を詠んだときは、おそらく自分が都を追われることを想像していなかっただろう

俊成はあわれむ気持ちと、やむお《を》えず読み人
知らずにしてしまったので その存在を象徴する
句としてえらんだ?。

・都が廃れても 周りの自然まで廃れないのと同じで、
平家が戦に敗け 身を追われ 名を馳せれなくなっても
平家がこれまで築き上げた時代や功積は 昔から
あるきれいな山桜のように後世に語り継がれるだろう。
それと同じように、平家の身で今は歌を残せなくとも
このような素晴らしい歌人がこの時代に居たという証を
後世に残したいと考えたから。

このように深い考察ができることに感動をおぼえます。

さゞ波や 志賀の都は 荒れにしを
昔ながらの 山桜かな

びわ湖 ← 淡水の海 ← 淡海《あふみ》(おうみ) ← 近江

忠度がこの歌を詠んだ時は、平家安泰の頃。よもや我が一門の運命が将来滅亡の道をたどろうとは思いもよらない時だったでしょう。

その時点での、忠度がこの歌に込めた思いを、まず想像してみます。

(目の前に広がる淡海《あふみ》の海。陽にあたりきらきらと光るさゞ波。はるか昔、ここに都があったなんて……。その都の面影をしのぶよすがは今は何もなくて、ただ静かに水面《みなも》が揺れるだけだけど、今眼の前に咲きほこっている山桜は、あの頃とずっと変らずこうして春になると輝くのだね。まるでありし日の都の栄華をたたえるかのように……。)

←

やがて戦乱の世となり、忠度は師に巻物を託して、西海へと落ちてゆきました。俊成は忠度の巻物をひもとき、丁寧に一首一首に目を通します。その時、この歌にはっと目が止まりました。忠度の歌には滅び去ったものをいとおしむ気持があふれていました。失われた都を、春が来るごとに追慕するかのように咲く満開の桜。俊成には、この、今は影も形もなくなったものを人知れず見守る山桜の歌こそ、亡くなった忠度へのはなむけとしてふさわしいと考えたのではないでしょうか。

平家一門は、様々な場所で命を落とし、最後追いつめられて、壇ノ浦の海に沈んでいきました。合戦は終り、新しい世の中になり、人々の記憶から平家は遠のき、忘れられていきます。

俊成はそのように姿を消していった人々への追悼追慕の気持もこめて、この忠度の歌を選んだのではないかと思います。

涙が出そうなくらい、すばらしい名歌ですね。

以上、山谷の解釈でした…。

教員になって——
学校という場所が好き

井出敦大

——「先生」としての責任を感じた。

私は東京都の平成二三年度新規採用教員として、四月一日から江東区の都立墨田工業高等学校というところで働いています。今この文章を書いているのが八月のあたまですので、「たった三カ月」です。とはいえ、私にとっては「やっと三カ月」でした。

私が毎日生徒の前に立つ中で、大変だと思ったことは、常に「先生」でいなければならなかったことです。生徒にとってやはり先生は「絶対」でした。私が担当する国語に関しては、本当にそう思います。教室に行って、教科書を開いて、分からないことが……あってはならないのです。国語の先生ですから、それは当然といえば当然のことで、私も実際に教壇に立つまでそのことに疑いをもつことはありませんでした。国語の先生という立場になれば、勝手に全部分かるようになる、と思っていたのです。

それが間違いだったと身をもって実感したのは、去年のことです。私は板橋区の中学校で非常勤講師として勤務していました。そのとき太宰治の『走れメロス』という作品を教材にしようとして、「分からない」に直面したのです。『走れメロス』といえば、中学校の国語の教科書では定番で、ほとんどの教科書に載っている作品ですが、いざ教える立場になって作品を一読してみて、「この作品で何を教えよう?」と考えたとき、深みにはまってしまいました。「正義感の強い主人公メロスとその友セリヌンティウスの友情の話」と自分が記憶しているようにシンプルに教えていいものか、と迷ったのです。幸いにも非常勤講師で学級担任の仕事や校務分掌の仕事はなく、一週間の持ち時間も少なかったので、いくつかの指導書を手当たり次第に見る時間がありました。そうやって調べれば調べるほど、作品にはいくつもの側面があり、見方が複雑になってしまったのです。

結局、最後の授業でそのテーマを考えさせることを目標に授業を計画しました。自分自身にも断言できないことを、教室で話し、板書することはやめました。頭では、「明確に伝えることのできない主題だからこそ、小説(作品)という形に託している」と理解していますが、それでも〝答え〟がないと授業はしづらかったと感じました。熱心でまじめな生徒ほど、シンプルな解答をほしがってきました。生徒には多くを考えてほしいと思いますが、教員として簡単に教えてあげたいとも思ったのです。

私が生徒であったとき、「先生」は絶対でした。先生に分からないことなんて無いだろう、と思っていました。でも、いざ先生になってみると、到底そうは思えません。むしろ、この前まで大学生であった甘えで、「分からなくて、当然」とつい思ってしまいます。でも生徒から私への目線は、いつだって「先生」。二十代だから……なんて言い訳はちょ・っ・と・しか通じません。「新採の先生」には、少し生徒のハードルも低くなるようで……(ちょっとは通じます)。そうやって「先生」という責任に応えるために、四苦八苦していく職業なんだなぁ、と実感する毎日です。

――「学校」を見た。

国語の先生になって考えたことは、「国語力」ということばの曖昧さのことです。国語力とは……ということを考え始めると、別のテーマの文章になってしまうので、この場では避けておきますが、国語力という言葉の指す範囲の広さにはいつも困惑します。小説を味わって読む力も、論説文を正確に読む力も、自分の意見を相手に伝わるように書いたり話したりする力も、言葉の知識も、みんな国語の先生が教えること。とても大変です。

特に登場人物の心情を理解する力などの「できた・できない」という判断が客観的にしにくい力は教えづらいし、生徒も成就感・達成感がイメージしづらいので、モチベーションの低い子が多くいます。一方、漢字や文法、ことばの知識に関する力は、教員や生徒にとっても授業で触れやすい、という印象を現場に出て強く持ちました。昨年に勤務していた中学校でも、漢字の小テストや漢字ビンゴなどを毎時間の授業内に時間を設けて行っている先生もいました。また現在勤める高校では、多くの生徒が卒業後の進路を就職と希望していることもあり、「社会で必要な国語力の基盤」という位置づけで、生徒の漢字力の育成に力を入れています。漢字の小テストは定期的に行い、中間・期末考査などにも同じ問題を出すなど、「定着」をテーマにして指導しています。

ちなみに私が漢字を指導するときは、なるべく「読み」ではなく、「書き」の問題にして、生徒に投げかけるようにしています。教科書には読みの漢字として出てきたものも、特殊なものを除いては、「書き」に変えるようにしています。それは、「書ける漢字は読めるだろう」という考えがあるからです。ある英語の先生が、「書ける英文は読める」ということを私に話してくださったことが、私がそのように漢字を「書き」中心で教えるきっかけになりました。もちろん、そのように漢字を教えるのが正解かどうかはわかりません。実際、生徒にとって覚える負担も多くなりますし、読みの問題に比べて書きの問題の方が実際に鉛筆を持って書いている時間も長くなりますから、決して効率がいいとはいえません。それでも今は、そうやって教えることが生徒のためになると考えています。こういうことが現場の先生たちのノウハウを吸収できた一例ではないかと思っています。

数ヶ月の勤務を通して、私が学生として教員を目指しているときには触れることができなかった生徒たちの生の声や反応を感じて思うことは、やはり「経験は大事だ、現場はすごい」ということです。日本文学に関する知識であれば、つい最近まで大学にいた私たちの方が精通していることはしばしばあります。それでも生徒に伝えることに関しては、ベテランの先生方にはかなうべくもありません。毎日、圧倒されるばかりです。私が現場に入ってすぐは、「漢字ばっかりやっていて、ほかの国語力と不均等ではないか」と疑問を持ったのですが、今考えるとそれは時間に関してだけの問題だったような気もします。むしろ生徒が漢字の学習に達成感を感じ、そこから国語という科目に目が向く方が、よっぽど全体の国語力の向上につながるというようにも思えます。先輩の先生方は、その経験の中で、今の私と同じように感じ、それぞれ教え方のバランスを見つけているのでしょう。それは教科指導にかかわらず、生活指導、進路指導など……生徒に関わる多くの場面に対してです。私にとってそれらのスキルは一朝一夕で身につくものではないけれど、多くの先輩のやり方を見て、自分に合った方法を試行錯誤していくことが一番の近道であると、あらためて実感しています。

――「生徒」のことを考えた。

私は現場に出るまで、大きな勘違いをしていました。先生という職業は、「先生が教える職業」だと思っていました。いつだって主語を「先生」にして考えていました。教科書に載っていることを分かりやすく説明したり、生徒を集団としてうまく動かしたり……それが「先生」の仕事だと思っていました。でも今になって「生徒」に学ばせる職業だと気づかされたのです。確かに、そのやり方に定番と呼ばれるものはあります。例えば生徒の行動を注意する場合、現場では「あなたの～なところはすごくいいけど、～なところは直した方が良いよね」と語りかけることが多いです。そのほうが、「～は直しましょう」とただ声をかけるより、生徒それぞれを尊重でき、その効果が高くなることは、もはや定番です。多くの先生方が実践しています。

　でも、それが良い方法だと分かったからといって、すぐに実行できるか、というとそれは別問題です。なぜならば、普段から注意して生徒一人一人を観察していないと、生徒が「尊重されているな」と感じるようなポイントは見つからないことが多いですから。「その子のいいところ」を関わった生徒分見つけるのは、本当に骨が折れますが、その必要性は絶対です。

　どんな指導をするにしても、指導する生徒がどんな生徒かを把握することから始めなければならないのです。こういうことを知ってはいても、分かってはいなかったのです。最初に先生ありき、ではなく最初に生徒ありき。「この子」にどう伝えよう？と考えることが、私たちの仕事でした。

　そうはいっても、先生の仕事は、一対一での指導よりも一対集団での指導の方が多いです。一人の生徒に焦点をあてて指導する時間以上に、教室や部活動の場で、生徒全体に向かって話す時間が長いのですが、そのときでも「この子たち」にどう伝えよう？と考えることが必須です。

　こんな経験の浅い私でも、つい先日うまく生徒たちの実態に合わせられたなぁ、と感じたことがひとつあったので、ご紹介します。

私が受け持つ高校三年生の必修科目である「現代文」の授業で、井伏鱒二の『山椒魚』について扱うことがありました。『山椒魚』は物事を深く考え過ぎて身動きのできなくなった近代人を寓話にした小説として、高校の国語でも取り上げられることの多い作品です。文学作品としても、プロレタリア文学・新感覚派などと対比されて授業に取り入れられることがあります。この教材を扱うにあたって私は、ただでさえ国語に対して苦手意識の強い工業高校の生徒たちが、「文学作品」と聞いただけで壁をつくってしまうのではないか、と不安でした。

そのため最初の授業で気をつけたのが、生徒たちに「いかに抵抗なく読み始めさせるか」ということです。そこで、導入に使ったのが太宰治の『走れメロス』です。

『走れメロス』の冒頭部はかの有名な「メロスは激怒した。」です。それに対し『山椒魚』は、「山椒魚は悲しんだ。」となっています。太宰治が井伏鱒二に師事していたという事実を鑑みれば、この書き出しも、そのあとすぐの回想で理由が明らかになるという展開の方法も、「意図的」と見てまず間違いはないでしょう。このことを、生徒に気づかせるようにしました。教室で山椒魚の冒頭部を範読したあとに、「この冒頭部に似ている作品を知りませんか。」と聞いたのです。ほとんどの生徒たちは、中学校での『走れメロス』を覚えていて、すぐに何人かの生徒から答えがあがり、それを聞いたほかの生徒からも「なるほど」という反応を受け取ることができました。

『走れメロス』と『山椒魚』の冒頭部に共通点がある、というだけの知識ですが、多くの生徒にとっては自分の知識の点と点がつながった瞬間であったようで、教室ではいつになく生徒たちの意欲を感じることができました。「生徒たちが何を知っていて、何ができるのか」ということを教え方に生かせたなぁと実感できて、私も喜ばしいことでした。

――これから。

とりあえず、今は学校という場所で「先生」になるということに慣れることが私の中で一番の課題です。確かに一緒に学んで、一緒に学校生活を送ることはとても楽しいです。学校という場所が好きで先生になったのですから。だからといって、生徒と同じ立場ではないということを忘れてしまってはいけないのです。自分でも「学生気分だった」と反省することも、しばしばあります。彼らの気持ちが分かるのは若手である私の武器ですが、それに甘えることなく、指導で生徒を引きつけられるようになっていきたいです。

これからの課題

新世代の国語教育とその課題

土方洋一

一

ワープロ、インターネット、メール（携帯メール）等の普及により、子どもたちをめぐる言語環境や、子どもたちの言語生活そのものが、ここ二十年ほどの間に劇的に変化した。今の子どもたちのことばに対する感覚は、親の世代には想像することもできないほど、まったく新しい環境の中で育くまれている。

ことばが歴史や環境によって変化するのは不可避のことで、その変化をとめることはできない。しかし、近年の言語環境の変化は、自然な推移というよりは、ＩＴ機器の開発などによってなかば人為的に作りだされたものである。それによってもたらされた変化は、ことばの歴史上かつて存在しなかったような急激な変化であり、その意味で、ことばの変化の過程として不自然な側面を含み持っている。その変化があまりにも急激なものであるため、ＩＴ機器がもたらした言語変革が私たちの言語生活や内面にどのような影響をもたらすのかについての検証は、まったく後手に回っているのが現状である。

そうした変化をもたらしたツールが生まれた時からあった若い世代は、それらを所与のものとして自由に使いこなしている。しかし、ことばを獲得する時点でそれらのツールがまだ存在しなかった上の世代の者には、若い世代の持つ言語感覚が理解できず、想像することも困難である。またそれによる世代間のディスコミュニケーションも深刻化している。

ことばの習得は、人間の内面的な成長と密接な関わりを持っている。そのため、こうしたことばをめぐる環境の変化は、おそらく子どもたちの内面的成熟の過程にも影響を及ぼしていると考えられる。これは、ことばによる教育を主眼とする国語科という教科にとってはとりわけ重大な問題である。

ところが、子どもたちにことばの教育を行う役割を担っている教師の側は、先に述べた世代間ギャップのために、子どもたちの側で今何が起こっているのかを充分に把握しきれず、必要な対応策をとることができないまま、昔から長く引き継がれてきたことばの指導を反復している。その指導がしばしば空《から》振りに終わり、どう工夫しても現代の子どもたちにうまく伝わっていかないという事態に直面した時、教師はただ立ちすくむしかない。

これが、ことばの教育の現場で現在進行している事態である。

筆者もまたワープロもインターネットもない時代に育ったいわゆる旧世代に属する人間なので、現在子どもたちの中で起こっている変化を充分につかみきれているという自信はない。それでも、筆者の想像の及ぶ範囲で、いま子どもたちに起こっている言語感覚の変化を検証し、教室での学習においてどのような点に留意すべきであるのかを考えてみたい。専門家でもなく、世代的アドヴァンティティも持たない筆者がこうしたことを考えなければならないほど、事態は切迫しているように思われるからである。

二

ワード・プロセッサーという機器は、かなり早い時期から開発されていたが、一般用として普及したのは、一台の単価が二十万円台にまで下がった一九八〇年代後半からである。この段階では、機器は文章作成と作図に特化された、いわゆるワープロ専用機だったが、ほどなく多用途のパーソナル・コンピューター（パソコン）の中のワープロ・ソフトという一機能になり、ワープロ専用機は二〇〇〇年代の初めまでにすべて生産を中止した。(1) 現在では、ワープロといえば一般にこのワープロ・ソフトのことを言う。

このワープロの普及により、きれいに早く文章を作成することができるようになった、推敲が楽になった、また原稿を活字化するような場合には、ファイルで入稿することにより入力が容易になった、等の数々のメリットが生じた。筆者自身の経験でも、論文を書き始めた初期の頃にはまだ手書きの原稿を出版社に送付していたが、一九八〇年代末頃からワープロ原稿を送付するようになり、二〇〇〇年を過ぎる頃からは添付ファイルで送るようになり、紙媒体の原稿を送付するということが少なくなった（日本語日本文学研究に関わる業界では、特殊な文字や組み方が必要になる場合もあるため、いまだにデジタル・データと並行して紙媒体の原稿の郵送が必要な場合もある）。

単純にツールとしてみた場合、ワープロにはこうした様々な利便性がある。一方、子どもたちが早くから書字にワープロを用いることに関しては、様々な問題点が指摘されてもいる。

たとえば、漢字の習得（記憶）のモチベーションの低下。日本語の文章は、複雑な漢字を用いて綴られるので、小学生の段階から最低限の漢字の書き取り能力が必須とされ、漢字の学習が国語科の学習計画の中に組み込まれている。しかし、早くからワープロを用いて文章を書くことに慣れていると、音で打ち込むと勝手に漢字に変換してくれるため、自分で細かい字形を覚える必要がなくなる。筆者は大学生の書く文章に日常的に接しているが、ここ二十年ほどのあいだに、彼らの書く文章に含まれる誤字の絶対数は間違いなく増加している。また誤字の性格にも変化があり、かつては「崇る」を「祟る」と書くような、文字の形を間違って憶えているという性格の誤字が多かったのに対し、近年では「土地」を「土知」と書くような「誤変換」の類の誤字が増えている。これはワープロを用いて文章を書くことが日常化していることと関係があると思う。

その他、日本語の文章においても縦書きでなく横書きがスタンダードになってきたとか、ワープロ・ソフトの普及は様々な面で書記行為に影響を与えているのだが、もっとも重要な影響としては、書記行為の中で、「手書き」がむしろ特殊なものと見なされるようになってきたことが上げられるだろう[(2)]。いまの若い世代にとっては、〈書く〉ことのスタンダードな形態はパソコンや携帯のキイを操作することであり、手書きの文字を連ねていくことは、習字や署名など、限られた必要性のある場合にのみ行われる行為に移行しつつある。教師の側が考えている以上に、生まれたときからワープロに接している子どもたちにとっては、「手で字を書くこと」は教室の中でだけ要求される特殊な技能になりつつあるのである。

「考える」という行為は、脳だけが切り離された形で行なっているものではない。少なくとも、物事を論理的に考え深めようとする場合、頭で考えることと手を動かすこととの間には重要な関連性がある。頭の中で考えたことを文章に落とし、文字化された情報を視認し、論理構成の誤りや飛躍をチェックし、それを組み立て直して文章を改めていく、という作業を、人は一般に行なっている。その際に、考える早さやリズムと、手で書く早さやリズムとは連動しており、「書きながら考える」ことで新たな発見が生まれることも多い。その意味で、手を動かして文字を連ねるという行為は、「考える」ことの一部分なのである。

ワープロ・ソフトの普及は、ものを考えるという行為と、文章を書く→印字する、という作業とを切り離してしまった。

「パソコンで文書を作成しても、ちゃんとものを考えながら書くことはできる」といわれるかもしれない。しかし、パソコンで日本語の作文をする際には、ローマ字入力が一般的なので、もともと意味を持ったことばをいったんローマ字という表音的な記号に変換し、さらにキーボードを指で叩くという作業を行ないながら眼はディスプレイを見て文章を確認している。それもブラインド・タッチができなければ、目はキーボードとディスプレイとの間を頻繁に往復することを繰り返している。こうした複雑で神経を使う作業を行なっている過程で純粋に「考える」ことに用いられる脳のリソースは、少なくとも手書きで書いている時よりもはるかに少なくなっている。頭の中で文章をまとめてから書き始めるのならよいのだが、書きながら考えるという作業を行なうためには、ワープロは不向きな道具である。

近年、ノートがとれない子どもが増えていると聞く。先生の話の要点を聞き取って、自分のことばでノートにメモするということができない。すべて板書して、「この通りに書き写しなさい」と言わないと、授業の内容をノートに記録することができない子どもが多いのだという。

これにはいくつかの複合的な原因があると思うが、授業の内容を聞き取り、理解する→頭の中で要点を整理する→自分のことばで書く、といった一連の作業が、自分の中で統合されていないところに大きな原因がありそうだ。日常生活の中でも自分の字でものを書く機会が減っていることが、そこに影響しているように思われる。

「聞く」「考える」「書く」等のことは、本来、身体的機能として統一されているべきだが、ワープロ・ソフトを使用して書く習慣は、「聞く」ことと「考えをまとめること」「書く」ことの切断を助長することにつながる。ワープロはいまや単なる書記の道具ではなく、聞く―話す、読む―書く、といった言語能力全般に影響を及ぼす身体の一部となっている。こうしたことを考えると、教室ではただノートのとりかたの指導をするだけでは十分ではない。小中学校ぐらいの早い段階で、手書きでメモを作りながら自分の考えをまとめる練習を取り入れ、手を使って書くことと、考えることとの間にある関係の重要性に意識を向けさせる必要があると思う。文章作成だけでなく、図式化したり、矢印を書いたり、文字をマルで囲ったりする作業そのものが、考えることにつながる。そうした「手を使って考える」ことを身体で覚えさせる指導を工夫していく必要があるのではないだろうか。

三

インターネットの高速接続の普及により、ここ十年ほどのあいだに、インターネットは私たちの生活にとってとても身近なものとなった。現代の子どもたちにとっては、いまや情報は文字情報から得るのではなく、インターネットから得るのが常識になった。何かを「自分で調べなさい」と指示すると、彼らは図書館へ行って百科事典を引くのではなく、まずインターネットに接続してウィキペディアなどで検索しようとする。(3)

インターネット検索は、単一のツールで多様な性格の知識を得ることができるという点で極めて便利である。またそこで見つけた情報を組み合わせたりノートに簡単に貼り付けることができるので、整理も容易である。

反面、すでに様々な形で指摘されているような問題もある。ネットで得られる情報は断片的で、事柄と事柄のつながりや、問題系全体の中でその情報がどのような位置を占めるのかを示してくれない。また、重要な意味を持つ情報も、垂れ流された真偽不明のジャンクな情報も、すべてが横並びで提示されるため、情報の量が多ければとりあえず満足し、その質を問題にしないという志向を生む。さらには、ネット検索をする際、開いたサイトが、レイアウトだの文字のフォントだのといった内容以前の理由で自分の好みに合わないと判断した場合、ほとんど無意識に他のサイトへ移動してしまう閲覧者も多い。つまり、すべての情報が開かれており、その情報を主体的に駆使できるという公平性や、主体的な自由度が確保されているように一見見えるが、実は情報を無意識の裡に選り分けており、自分が情報を選り分けているということ自体に無自覚な主体を生み出すという問題が生じている。

総じていえば、インターネットによる情報は有意義なものだが、それを有効に活用するためには、より上位の知識や、情報を体系化する能力を備えていることが必要である。そうした体系的な知識や体系化の能力をまだ身につけていない子どもたちがいきなりネットの情報に依存することを憶えると、無数の断片的な情報の中で何も明確に判断できなくなり、情報の海に漂っているだけのような状態に陥るおそれがある。さらに怖いのは、周囲がみなそうであるために、自分が情報を有益に活用できていないという自覚が生まれず、逆に、自分なりに情報を活用しているつもりになってしまうことである。

インターネット時代の情報を活用するためには、情報を識別するリテラシーと、それを体系的にまとめ上げる判断力を養うことがまずは不可欠であり、それらを身につけるための訓練を、国語科の授業の中に織り込むことを考える必要がある。メディア教育を中高の授業の中に取り入れる試みも少しずつ進行しているが、今のところ、学校で行われているメディア教育は、検索エンジン等を活用した情報収集のスキル・アップや、ネット利用のマナーといった面に限定されており、ことばや情報が主体の形成にいかにかかわるかという問題まで射程に入れた情報リテラシー教育はこれからの段階のようである。主体とことばとの関わりを重点的に指導していけるのは、既成の教科の中では国語科だけだろうから、そうしたことば中心の情報教育を教科の中に段階的に取り入れていくことを考える必要があると思う。

携帯でメールをやりとりしたり、個人のブログを開設して発信したりすることも、ここ十年ほどのあいだに、瞬く間に子どもたちの日常になった。

四

現在二十代以下の年代の人々が携帯メールに依存している度合いは、上の世代の人間には理解ができないほどで、電車から降りたとたんにいっせいに携帯を開いてメール・チェックを始める光景は、もはや日常化している。

その中の多くは、実際に緊急性のある用事があってメールのやりとりをしているのではなく、単なるおしゃべり的なやりとりにすぎない。具体的な情報をやりとりする道具的なコミュニケーションに対して、こうしたおしゃべり的なやりとりは「自己充足的（コンサマトリー）なコミュニケーション」と呼ばれたりする。(4)

こうしたコミュニケーションそのものが目的化した使用の場合、発信したことばにはすぐ反応してほしいという願望が芽生えるし、反応が遅いことがコミュニケーションの密度の薄さにつながるように感じる傾向が生じる。「レスが遅いのは、友情が薄い証拠」なのである。メール・チェックがしにくい環境から脱した時に、彼らがいっせいにメール・チェックに走るのは、銘々がそうした「道義的」責任を負っていると感じているからだろう。

これらの問題は、現代の若者の心性や行動パターンを分析する上で重要な観点だが、若者の言語生活、言語意識全般から、さらにはことばの問題をはみ出した社会的行動全般にまで拡大してしまう問題でもある。ここでは、携帯メールやブログのことばが普及したことによって、子どもたちの目にすることばが変化した、そのことばの問題に限定して話を進めていくことにする。

まず、通常の書かれた文章と、メールのことばとの違いとして、誰もが気づくことは、①横書きであること、②一文が短いこと、である。

①は、ワープロの項でも述べたように、携帯メールに始まったことではなく、かなり以前から若者のあいだでは縦書きより横書きのほうがスタンダードになっている（おそらく、大学ノートが横書きを多く採用していることに由来するのではないか）。しかし、横書きのノートを使用して日記をつけているような若者はかつてもたくさんいて、その文体は必ずしも短文化とは関係がなかった(5)。

携帯メールで特徴的なのは、①と②とが分かちがたくセットになっているという点である。紙の上に書くのとは違い、狭いディスプレイの上に標示されるため、横書きの、しかもせいぜい一行が十数文字までぐらいの短い文が羅列されていく。

こうした印字の形式は、単に縦横の形式やセンテンスの長さというだけの違いではなく、もはや極めて特異な（若者たちはそれを特異だとは思っていないが）新しい文体というべきものを生み出している。

ここ五年ほどのあいだに、携帯で小説を書き、それが多くの読者を獲得するというような現象も起こっている。いわゆる「ケータイ小説」だが、それらはたとえばこんな文体で書かれている。


「姉ちゃん!!!　ご飯!!」

「ちづ姉！　あたしのTシャツ知らない？！」

「ちづちゃん！　ゆうがおもらししたあ！」

「ちづちゃあああん!!!」

桜井千鶴子。

17歳。

花の高校2年生。

ううん、所帯染みた高校二年生。

花の陰りは真っ盛り。

それもそのはず、6人兄弟の2番目。

一番上の兄も父も、家事なんて何もできない
ぺーぺーで、お母さんは私が12歳のときに他界。

その時から、私が一家の主になったのだ。(6)

一見して感じるのは、主語述語を伴った「文」を積み重ねて「文章」を綴るという意識の希薄さである。まったく新しい文体というわけではなく、何となく既視感があるのは、少女マンガのモノローグ的な地の語りと共通性があるからかもしれない。ある意味では内面的だが、その内面性の表現が既成の型にはまっていて単純かつ画一的である。

旧世代の人間が理解しておかなければならないのは、多くの子どもたちにとって、このような文章が「読みやすい文章」なのだという現実である。「ケータイ小説」のような文章に日常的に親しんでいる子どもたちにとっては、こうした①横書き、②短文、かつ画一的な文章が身近なもので、教室で習う、国語の教科書に載っているような文章は、内容以前の文章形式の問題として、特殊で馴染みの薄い文章に映るに違いない。そういう認識を、教員の側も持っていたほうがいい。

この問題と関係がありそうなのは、メールやブログの普及により、多数の子どもたちによって共有されつつある、これも一種の〈文体〉の問題である。

たとえば、大学へ授業を受けに行ったが、お目当ての授業が休講だったので、友だちと渋谷へ出て、映画を見ることにした。ところが、歩いているうちに突然雨が降ってきて、傘を持っていなかったためびしょぬれになった、という出来事を、友だちに報告するとする。内容はどこといって特別なところのない、日常的な出来事にすぎないが、これを文章にする際には、

1　大学へ授業を受けに行った。

2　しかし、出るつもりの授業が休講だった。
3　そこで、（急遽）友だちと渋谷へ出て、映画を見ることにした。
4　ところが、歩いているうちに、突然雨が降ってきた。
5　あいにく傘を持っていなかったので、びしょぬれになった。

というように、逆接や順接の接続語を用いて、出来事の因果関係を明らかにしながら書いていくことになる。文章の中で接続語を明示しなくても、頭の中では事柄と事柄の因果関係を意識しつつ、それを線条的（リニア）なことばのつながりに置きかえていく作業が行われているはずである。

1　久しぶりの学校♪
2　Aせんせ、休講だし（T_T）
3　映画行く with Bちゃん
4　まさかの大雨（>_<）
5　びしょぬれっス・・・

同じ出来事を、若者ブログ風の表現をまねて書いてみた。

これだけだとわざとらしい感じがするが、間に絵文字や携帯で撮った写真などを挿入しながら書くと、こんな程度でもそれなりに体験した出来事の報告らしくなる。

こういう携帯メール的文では、本人はまとまった内容を書いているつもりなのだが、出来事と出来事とのあいだのつながり、因果関係の把握がゆるい。こうした書き方に慣れていると、より複雑な、たとえば正確さを要求される記録やレポート、論理的なつながりが重要な小論文のような文章はなかなか書けるようにならないだろう。

こうした構成のゆるい文章を読む＝書くことが言語生活の中心になると、構成的な文章を書く技術が身につかないという以上に、構成的にものが考えられないという思考力の未発達につながってしまうおそれがある、その点がもっとも危惧される。

次にあげるのは、さる有名タレント（ウィキペディアによると、一九八五年生まれ）のブログの文章に、少し手を入れたものである。(7)

ここにも、短文化、論理的なつながりの希薄さ、絵文字・顔文字の多用、といった現象が見られる。しばしば問題になるように、メールやブログの文章は、細かいニュアンスが伝わらないので、誤解が生じる危険性がある。別に腹を立てているわけではないのに、文面だけを見ると怒っているように感じ、行き違いが生じてけんかになる、というような事例は身近にも起こりうることである。若者た

ギガントクイズwwwww
ギガントの由来はなんでしょうというクイズ、正解はギガント
キプリスアガッシィでしたwwwww
ってwww誰も答えられない(^ω^;)(;^ω^)www
全然わかんないよっていってるです
確かにwwwww

ちは、そうした行き違いを避けるために、また細かいニュアンスを表現するための道具として、絵文字や顔文字などの補助記号を頻繁に用いる。

これらの補助記号は、上手に使えば便利な道具なのだが、頻用することに慣れると、純粋にことばのみによってニュアンスの不足を補なおうとする努力を放棄してしまうおそれがある。

文字面だけだと、充分に意図や感情が伝わらないような気がするので、それを補うためにことばを付け加える、そうした文言を工夫するということは、ことばによるコミュニケーション能力を高める上で必要な努力である。それを、ただ文末に(^o^)というような記号をつけることですませようとすると、ことばによるコミュニケーション能力は磨かれない。第一、公的な文書や、目上の人への手紙の中で、細やかなニュアンスを正確に伝えたいと思った時には、顔文字ですませるわけにはいかない。

先にあげたブログの文章などを見ると、問題はもはや一文が短小化しているというようなレベルにはないことがわかる。「文」（センテンス）という意識自体が希薄になり、文字は限りなく記号化し、ことばの切れ目が溶解しつつあるように感じられる。

「ことわり（理）」ということばの語源は、「こと（道理）を割る」ことであるといわれる。物事を論理的に把握しようとするには、曖昧な現象を分節化し、分節化された「こと」と「こと」との間のつながりを理解する必要があることを表わしている。

今の若者に共通して見られるのは、対象を分節化して把握することが苦手であるという傾向である。その傾向は、おそらく、彼らが馴染んでいるメールやブログのことばが、規範的な書きことばに比べて分節化の度合いがゆるく、曖昧な垂れ流された情意の表現であること、しかもその中で醸し出される気分や雰囲気、ニュアンスといったものには過剰に気を遣うという傾向を持っていることと無関係ではないと思う。

インターネットの書き込みやメールが子どもたちの日常的な習慣になっていることを踏まえ、現在学校では、メールのマナー等のメディア・モラルの教育が取り入れられ始めている。それは、現実的なモラル教育として必要なことである。

しかし、それと同時に必要なのは、メールやブログの表現と、きちんと組み立てられた文章との質の違いを指摘し、メール作文とは別種の、論理的なつながりを持った文章を書く修練を積み重ねることだろう。小論文の作成に時間をかけるなどが有効な手段として考えられるが、まずその前に、つながりの曖昧な文章表現にどのような問題があるのか、なぜ論理的に明晰な文章を書く努力をする必要があるのか、という根本的な問題をよく説明し、動機付けを行うことが大事であろう。

五

現代の若者の言語環境をめぐって、いくつかの気になる問題を取り上げてみた。あるいは、若い世代における言語感覚の変化について、新しいメディアの影響を過大に受け止めすぎていると感じる方がいるかもしれない。もちろん現実には、旧世代から見ると宇宙人みたいに見える子どもたちばかりが育っているわけではなく、昔とあまり変わらない言語感覚を身につけて育っている子どももいるだろう。両親に読書の習慣があり、幼い頃から家庭環境の中で書物に親しんできたというような子どもは、一方にネットや携帯メールの世界があっても、両者を使い分けることができるだろうと予想される。そういうのは、「問題のない子ども」である。

筆者が気にかけているのは、環境的にもフォーマルな文章に親しむ習慣がなく、ネットやメールの側が日常的なことばの世界になっている子どもたちのほうである。

そういう子どもたちにとっては、そもそも紙媒体の中の縦書きで印刷された文章を読むこと自体がストレスだろう。教室の中で、国語の教科書に載っている、一文がやたらと長く感じられ、ことばづかいも難しい評論文や小説を読まされることが苦痛だろう。

そんな「国語教育以前」の問題を抱えた子どもたちが急増しているという事実を、まず認めなければならない。そしてその事実を踏まえて、国語という教科の学習方法を組み立て直さなければならない時期に来ていると思う。

もう一度繰り返すが、ここ十年ほどのあいだの、子どもたちをめぐる言語環境の激変は、これまでに教育界が経験したことのないものである。それを仮にメディア革命と呼ぶとすれば、メディア革命以前に人格形成を終えた世代にとっては、こうした新しいメディアがもたらすことばの問題は、便利なツールであったり、不完全なツールであったり、という以上のレベルのものではない。

しかし、物心ついた時にすでにそれらのツールがあった世代にとっては、ネットや携帯メールは、書物のような何千年も前から存在していた媒体と変わらない、「所与の現実」なのである。それらが「所与の現実」である彼らにとっては、そこで培われることばの運用方法は、ことばによって果たされる内面形成にまで影響を及ぼす、「無意識の枠組み」である。

ことばの教育に携わるわれわれ教員は、まずこの問題の深刻さを充分に理解する必要がある。そうしないと、従来の教授法で授業を行なっても、多くの子どもたちがそれを受けつけず、しかも授業の内容がどうして子どもたちに届かないのかが教員の側にはまったく理解できない、といった壊滅的な状況が進行するだろう。

従来のことばの教育においては、書く＝読む能力に関しては、書記用具を握って手で文字を書いていく執筆形態や、活字が並んだ書籍の形態での受容を前提とした教育システムが構築されていた。しかし、これからは、パソコン、携帯、ネットを中心に読み書きを行なう新しい世代が多数派になっていくだろう。これからの国語教育は、そのことを受け入れた上で指導法を考えなければならない。現今の状況下では、国語ひいては「ことばの教育」のための時間は、週三〜四時間という程度ではとうてい足りるものではない。ぜひとも時間増が望まれるが、それがかなわないのであれば、限られた学習時間の中でどのように指導の優先順位を決めるべきかが、もっとも問われるところだろう。

注

(1) 二〇〇〇年にNECの「文豪」が、二〇〇一年に富士通の「OASYS」が、二〇〇三年にシャープの「書院」が生産を停止している。従って、いまの大学生以下の世代は、基本的にワープロ専用機を知らない。

(2) 履歴書に代表される公的な申請書類においても、近年、規範的な記載形式が手書きからワープロ印字へと移行しつつあることは象徴的である。

(3) 二〇〇一年頃より、それまでのダイヤルアップ接続から高速のブロードバンド接続へと移行し、携帯端末の急速な進化とタイアップする形で普及した。反射的に携帯を取りだして調べごとをしようとするのは、その動作が初めから身についている、現在二十代半ばぐらいから下の世代の特徴である。

（4）中村功「携帯電話を利用した若者の言語行動と仲間意識」（『日本語学』二〇〇〇年一二月）

（5）一九六九年に二十歳で自殺した立命館大生、高野悦子は、大学ノートに横書きで日記を書いていたが、その日記にはしばしば一文が百字を超える長文が現れる。高野悦子『二十歳の原点』（新潮社）参照。

（6）梅谷百『キミノ名ヲ』より。

（7）中川翔子「しょこたんブログ」より。

あとがきに代えて

本書に収録した八本の文章について簡単な感想を述べて、あとがきに代えたいと思います。

二川麻衣さんの「生徒の実態に合わせた授業」は、中学での国語の授業における様々な工夫の報告です。ここでは、執筆者自身の授業のいたらなかった点への真摯な反省が出発点になっています。ここに列挙されている数々の反省点は、執筆者の授業に向けられたものですが、いずれも意欲のある新人教員が陥りがちな問題点であり、自らの授業を顧みて参考になります。手探りで進められる、生徒たちが自主的に学習を行なえるようにするための工夫や、ことばへの関心を高める工夫は、今の中学生の現状を踏まえた実践的な試みですが、それとともに印象的なのは、ことばの学習に際しては、生徒に何かを要求するだけではなく、教師と生徒との間の「伝えあう」活動が根幹に必要なのだという認識です。教師自身が一個の自分として発信し、それが届いたときにはじめて生徒たちのことばも引き出せるという実感は、とても大切なものだと思います。

篠原基さんの「形なき「平和」を学ぶということ」は、中学における平和教育の実践報告です。生徒たちはもちろん戦争を実際に体験していないし、今や教える教師の側も戦争体験を持っていない世代の人間です。戦争を知らない世代が、次の世代にどのように戦争の悲惨さ、むごたらしさを伝えていくことができるのか、そこに戦争教材を扱うむずかしさがあります。しかし、今後はずっとそうなるわけですから、国家が二度と悲惨な戦争を起こさないようにするためにも、授業の中に平和教育を取り入れていくことは大切なことです。執筆者の勤務する学校は、それが可能な恵まれた環境にあるといってもいいのでしょうが、沖縄への修学旅行などの学校行事とリンクさせながら、国語科の授業の中で様々な試みが行なわれているようです。けれども、それだけでは中身のある平和教育は実現しません。戦争体験という重たい事実と向き合えば自ずから生徒たちの心の中に何かが残るだろうというような甘い見通しではだめなのです。何の準備もせずにいきなり体験者の体験談を聞かせても、悲惨な空襲体験を懸命に語る証言者を前にして居眠りをする、それが今の生徒たちの現実なのです。そこで、時間をかけて事前準備をすることが大切になります。その事前準備における様々な工夫、生徒たちへの語りかけが、重たい事実に向き合おうとする心の準備を促す。貴重な実践報告だと思います。

「特別支援学校の「ことばの教育」に関する一考察」の執筆者、酒井亜希子さんが勤務するのは、いわゆる普通校ではなく特別支援学校と呼ばれる学校です。こうした学校では、普通の国語の教科書などでは授業が成り立たないので、教員自身の工夫によって様々な素材が教材として活用されることになります。与えられた教材で教えるのではなく、目の前の生徒たちの顔を見ながら、その子たちの教育に有効な教材を教員が選び取っていく責任を負っているのです。特別支援学校に在籍する子どもたちの場合、一人一人の子どもの抱えている問題は普通学校の場合以上に大きく異なります。そこでは、子どもたちを学齢や学習進度といった大きな括りでとらえる見方は成り立ちません。教員が、一人一人の子どもに寄り添い、その子の抱えている問題に即して授業を組み立てることが必要になります。けれども、考えてみれば、それは特別支援学校に限ったことではなく、すべての学校において真っ先に考慮されるべきことなのではないでしょうか。生徒たちを学年やクラスといった集団でとらえるのではなく、一人の人間として扱い、個別の学びへと捉していくこと。それが教育の本来の姿なのではないかと思うのです。酒井先生の実践には、一人一人の子どもたちの持っている豊かな可能性への信頼があります。その意味で、ここでの実践にはあらゆる教育の現場に共通する、教育の原点ともいうべき姿が示されていると思います。

杉村千亜希さんの「今どきの子の古典教育」は、いくつかの性格の異なる学校での体験に基づく報告です。ここでは、現代の子どもたちの持っていることばと、教材または指導書の用語との間にあるギャップがわかりやすく例示されています。豊富な実践体験に基づき、筆者は「古典教育の目的は生徒の思考を活発にすること」ではないかという見解にいたっています。そこで言われている思考の活発さとは、一つ一つのことばに即した感性の錬磨と言いかえることもできるでしょう。子どもたちの持っている語彙は少ないけれど、ことばに対する素朴な感覚には意外に鋭いものがあります。それを抑圧せずに育てていくことが、ここでは模索されています。そのためには、予想外の意見や質問が出てきたときにも、無視せずに掬いあげていく反射神経が要求されることでしょう。事前の授業計画に縛られない柔軟さが、教員の側に求められるということです。「かもめのちょうめい」を掬いあげた杉村先生の柔軟さはなかなかのものだと思います。

熊谷香織さんの「古典文学に親しむ教育」においても、古典を学ぶことのモチベーションを与えることのむずかしさから話題が始まっています。現代の子どもたちは、自分の日常を基準にしてそれから縁遠い話題を排除しようとする傾向があります。唯一生徒の関心を古典につなぎとめる効力のあることばは「試験に出るから」。そこには、自分の人生を豊かにするための学びという発想が抜け落ちています。現代の子どもたちに共通することとして指摘されている、「書く力」の不足、問題意識やオリジナリティの欠如等という問題も、おそらくこれと関わりがあります。問題意識を持って文章を読み、そこで感じとったことを自分のことばで表現できるかどうかは、学ぶことが楽しいと思えるかどうかと密接に関わっているからです。そうした「学びの土台のない」子どもたちに、古典を学ぶ楽しさを知ってもらおうと工夫した実践がここでは報告されています。『源氏物語』の学習に向けての事前の働きかけが有効である、という報告には勇気づけられます。それはことばを換えていえば、それだけの力が作品にあるということで、教員自身がその古典の力を信じることが大切だという事情を物語っているように思われます。

山谷和子さんの「古典文学を通して、命の在り方を教えるということ」は、かなり自由度の高い勤務校における実践報告の例です。執筆者はまず、古典文学作品に登場する人物の生き方そのものを考えることに主眼をおいて教材を選択しています。与えられた教材で、指導書に掲げられた到達目標を目安に授業を行なっても、なかなか生徒たちの心には届かないものです。教員が自ら教材を発掘し、苦心してその教材価値を設定して授業計画を組み立てていくというのは、理想的なあり方でしょう。ここで取り上げられている説話や軍記などの作品は、罪、生命など、高度な問題に直面せざるを得ない難しい教材だと思いますが、それでも思いをこめて授業を進めれば、一部かもしれないにしても、生徒たちの心に届くということが立証されています。なによりも、教員自身が感動をおぼえていない教材で生徒たちを感動させることはできないという当たり前の事実を胸に留めておくことが必要だと教えてくれる実践です。ことに長いキャリアを持ち、毎年同一の教材で授業をすることに慣れてしまっている教員には心すべきことであると感じられます。

井出敦大さんの「学校という場所が好き」は、教員になってまだ日が浅い執筆者の初々しい実践の報告です。ここでも、定番の教え方にもたれかかることなく、一人一人の生徒たちをよく見ることの大切さに気づかされたという感想が記されています。末尾に記された「学校という場所が好きで先生になった」ということばは感動的です。現在、様々な理由で学校へ行くことが苦痛でたまらないという教員が大勢いると思われます。しかし、「学校という場所が好き」ということは、教員であることの原点であるはずです。学校にいることに苦痛を感じている先生に、学校で学ぶことの楽しさを生徒たちに伝えられるはずはありません。学校で生徒たちとともに学ぶことが楽しいと思っている先生がいるからこそ、生徒たちも学校で学ぶことが楽しいと思えるのでしょう。学校という場所での学びの本来のあり方を再認識させてくれる提言だと思います。

土方「新世代の国語教育とその課題」は、ワープロ、インターネット、メール（携帯メール）が必需品となっている現代の若者の言語感覚が、それ以前の世代とは異質なものになっているにもかかわらず、そうした現代の若者の言語環境に即応した国語指導の工夫が立ち遅れていることに警鐘を鳴らすものです。

以上、駆け足でそれぞれの実践についての感想を記してみました。各教員の勤務校の性格は異なりますが、それぞれが直面している問題や、経験を通しての実感には、意外に共通する部分が多いように思われます。それは同時に、現代におけることばの教育が抱えている問題の所在を指し示してもいます。一人一人の生徒たちが抱えている問題は、個別的に取りだしてみれば個人的な問題ですが、その背後にある原因や動機まで遡っていくと、今の子どもたちの置かれている社会や環境に由来する複雑で深刻な問題に突き当たることになります。

それはたとえば、多くのことばを費やさなくても意思の疎通ができる〈仲良し〉集団だけで固まろうとし、ことばによる交流を広く開いてゆくためのスキルを磨くことを億劫がるというような傾向です。あるいは、受験というような目先の目標をクリアするための努力要請は受け入れるが、何の役に立つのかがすぐにはわからないようなことを身につける努力をすることを忌避するというような傾向です。生徒たちの多くは、たこつぼ的な小さな集団の中に居心地の良さを感じ、最低限の努力で目標を達成する、努力の効率化を最優先しようとするのです。それはまさに、現代の社会の支配的な価値観を映し出しているといえるでしょう。

そうした大きな問題に対してどのように対処すべきかは、もはや個々の教員の努力ではどうにもならないものです。従って、各教員は、今目の前にいる子どもたちが抱えている問題として個別具体化しながら、ことばの教育に取り組んでいかなければなりません。

それは本当にしんどい、到達点のない作業ですが、今回原稿を寄せていただいた方々は、日々、そうした課題に取り組み、地道な努力を積み重ねています。お一人お一人が、「こうすればうまくいく」という指導のマニュアル化を行なったりせず、過去の実績に寄りかかりもせず、いま目の前にいる子どもたちに寄り添いつつ、教壇で苦闘を続けておられます。そのことは、編者である私の密かに誇りとするところであります。

力のこもった原稿をお寄せいただいた執筆者の皆さんに心より感謝申し上げます。

また、企画の意図を瞬時に理解して下さり、ともに伴走して下さった青簡舎の大貫祥子さんに心より感謝申し上げます。

二〇一二年四月

土方洋一

〈執筆者紹介〉

土方　洋一　青山学院大学教授
二川　麻衣　杉並区立泉南中学校教諭
篠原　　基　青山学院中等部教諭
酒井亜希子　都立小平特別支援学校教諭
杉村千亜希　立教女学院高等学校講師
熊谷　香織　麗澤中学・高等学校講師
山谷　和子　明治学院高等学校教諭
井出　敦大　都立墨田工業高等学校教諭

「古典を勉強する意味ってあるんですか？」

ことばと向き合う子どもたち

二〇一二年五月一〇日　初版第一刷発行

編　者　土方洋一
発行者　大貫祥子
発行所　株式会社青簡舎
〒一〇一-〇〇五一
東京都千代田区神田神保町二-一四
電　話　〇三-五二一三-四八八一
振　替　〇〇一七〇-九-四六五四五二

装　幀　水橋真奈美（ヒロ工房）
印刷・製本　株式会社太平印刷社

ISBN978-4-903996-55-4　C1037